水戸の人物シリーズ9

慈愛の郡奉行

小宮山楓軒

仲田昭一

錦正社

小宮山楓軒肖像
（茨城県立歴史館蔵）

『水戸の人物』シリーズ刊行に当たって

水戸人に限らず、茨城県人の気質の一面を色濃く持つ人を世間では「水戸ッポ」という。それにには敬愛の意味もないではないがその反対の場合も少なくないようである。

かつて藤田東湖は「水戸ッポ」とは言わなかったが常陸の気風を矯正しようとして、その「慷慨激烈《こうがいげきれつ》、進取に鋭《えい》にして敢為《かんい》に勇《ゆう》」であることは長所だが、その反面、「懶惰《らんだ》麁豪《そごう》、研精《けんせい》の功《こう》を虧《か》き、固陋自足《ころうじそく》、汎愛《はんあい》の意に乏《とぼ》し」――つまり、横着で荒っぽく仕事に精密さが無く、頑固で見識が狭く、広く人を愛する心が乏しい――という欠点を指摘した。そして上方の人のように冷静沈着他人にやさしく、仕事に勤勉な気風を養うように指導した。そのために、東湖の影響を受けた水戸藩の士民にはその効果と思われる気風が確かにあったように思われる。いわゆる水戸の志士に対する現在の単純化したイメージは改めなければならないであろう。

ところで、水戸史上の人物にもさまざまな風格の持ち主があって、共通の類型に当てはめて割り切ってしまうことははなはだ精密を欠くことであり、また事実不可能でもある。一体水戸という所は昔から都を遠く離れた関東の僻地にあって、冬は寒く、産物は余り豊かでないが、東北に較べるとかなり恵まれた方である。こうした風土環境の中で造成されてきた土着の水戸人に対して、政治や教育の上で気質の改良に務めたのは水戸藩であった。ことに初期の水戸藩士は皆他地方から寄せ集められた混成部隊であるが、その多くは家康が末子頼房のために自ら選り抜いた人材から成っていた。それが第二代藩主光圀（義公）の時には、光圀自身若い頃から学問の意義に目ざめ、無学の人間ほど役に立たぬものはないと悟って領内の士民に常々有用の実学を奨める一方、大日本史編纂等の文化事業に携わる史臣をはじめ多くの家臣を採用したが、その採用に当っては履歴の他に詩や文章を検し、人柄を重んじた。このためか光圀の時代には一種独特の気骨ある人物が集められ、それぞれの持ち前を活かして充分な働きを見せた。光圀の施政は百姓町人にも大きな影響を与えたであろう。

　時代が下って、第六代藩主治保（文公）の頃、領内の百姓町人から人材を選んで藩士に採用したことは、領民に意欲を持たせたが、第九代斉昭（烈公）の大改革はそうした新進藩士やその子たちの改革意欲によって推進された。従ってこの時代には領内の士民の間に文武好学の気風が興り、改革的意見を具申する者も多くなった。烈公や東湖による気風刷新は、世界的国家的立場から郷土的弊風を一洗しようとしたもので、それによって尊王攘夷の精神に基き、内外の危機を打開する重い任務を果そうとしたのである。こうして幕末の水戸人は高い思想識見とやさしい人情味、気魄に富んだ実行力を持つようになったが、それは深い学問探求の努力や、父兄師友による切磋琢磨があったことを忘れてはならない。

「水戸の人物」シリーズは、水戸人を一つの類型にはめるのではなく、個々の生き方の中にさまざまの特性を見出して、現在に生きるわれわれの中に活かせるようにと考えて発行してゆきたい。

たしかに今でも水戸人は直情径行で学問思索を好まず、自分本位で他人に対する思いやりに乏しい欠点がまだあるように思う。われわれは「大日本史編纂」に発揮された精密な研究態度や、完成のための驚くべき持久貫徹力、あるいは弘道館教育に示された高い独創力、また、吉田松陰をはじめ多くの来訪者が感嘆した水戸人の懇切丁寧腹蔵なき応待ぶりを学び、現代日本の国際的な発展に貢献したいものである。

昭和五十八年七月

水戸史学会第二代会長　名　越　時　正

（名越会長は、去る平成十七年に逝去されたが、本叢書は名越会長の発案に始まったものであり、その趣旨は全く変わらないので、敢えて旧版の序文のまゝとした。）

目次

はじめに

江戸時代も天明・寛政年間の中期以降になると、貨幣経済の普及や農民への年貢等の加重負担、さらには繰り返される凶作・飢饉等によって、全国的に農村の荒廃が顕在化した。常陸地方における当時の農村荒廃の様子を、幕府の儒者柴野栗山は、「土地は痩せて民は貧しく、その性質は頑固で考え方は狭い。ひとたび飢寒が迫ると、乳飲み子を殺して家族の人数を減らす間引きが盛んに行なわれた。このため、家人は減少、田畠も荒廃し、納税もままならず、代官の督促も厳しくなった。今、天下の荒田は三七万八千石に及んでいるが、その内の半ばは常陸・両毛地方(上野・下野)である。」(『栗山文集』巻三・意訳)と記している。これから判ずると、農村改革の要諦は、民心の改良と経済改革・育子・飢饉対策などであった。そのため教育が重視され、換金作物も工夫され、稗倉設置などの施策が講じられるようになった。

この飢饉対策としての稗倉・義倉・社倉などについて、中国南宋の朱子が興した朱子社倉を日本へ初めて紹介したのは山崎闇斎である。闇斎は、大義名分を重んじる朱子学者で崎門学を起した人物ではあるが、社倉など備荒貯蓄の社会政策にも大いに関心を持ち、両者相まってこそ理想社会が実現できると説き、会津藩主保科正之《ほしなまさゆき》のもとで実践している。

このような農村改革の実践に当たった代表的人物として、幕府の天領では常陸国筑波郡・真壁郡などの岡田寒泉・竹垣直温《たけがきなおはる》、陸奥国塙・桑折《こおり》地方の寺西封元《てらにしたかもと》、美作《みまさか》国久世地方の早川正紀などの代官がいる。これら代官の特徴は、元は学者であったことである。また、各藩では郡奉《こおりぶ》行《ぎょう》(郡宰)がそれに当たり、広島藩の頼杏平、水戸藩の岡野蓬原や小宮山楓軒らが知られている。彼らも学者出身であり、いずれも学問が背景にあった。この状況を、水戸藩の学者青山延于はその著『文苑遺談続集』「小宮山昌秀」の中で、「郡邑の学あること、実に昇平の盛事たり」と評している。ここでは、その中から水戸藩の名郡奉行として人格・政策遂行共に優れ、領民に慕われた小宮山楓軒の人物像、および学者としての素顔、業績の一端を示してみたい。

小宮山楓軒は、自らは常日頃父の遺訓を守り「酒もやらず、囲碁もやらずに、ひたすら遠祖小宮山内膳正《ないぜんのしょう》友信が天目山の戦で主君武田勝頼に殉じた忠義心を心として」生涯に亘《わた》って水戸藩士として鋭意努力を重ねた。また、祖母は、彰考館総裁を務めた栗山潜鋒の女であるとの強い自負心も学問への道を貫かせた。それは、水戸藩の彰考館勤めとなり、「大日本史」の編纂事業に参画しながら膨大な量にのぼる史料集の編纂(「憲法記」「水城金鑑」「楓軒文書纂」など)や、徳川家康の事績を中心とした徳川氏の家史である『垂統大記』の編纂へと発展していった。

一方、郡奉行として民政を担当しては、早起きをして学問・事務に励み、昼には徒歩にて順村して農村の実態を探り、親しく農民と語り合って心を通わせる。こうして、常に領民の教化と農事の督励、気風の改善に尽力した。その背後には農民への愛情があった。幕府の名代官寺西封元は、農民への教化に「寺西八ケ条」を示して教諭した。楓軒は、さらに一歩踏み込んで「絵入り寺西八ケ条」として教諭した。文字が読めない農民たちも、その意味するところを「絵」によって理解するようにとの思いからであり、そこには農民への慈愛の心が溢れ出ている。

この郡奉行としての業績は、門人であり手代をも務めた大内玉江の「精慎録」に詳しく記されているが、同じく門人の石川慎斎もやはり「精慎録」の「付記」中で「凡ソ国家ノ大事アルゴトニ必ズ建議ス、其誠忠ヲ知ルベシ」と記し、楓軒が単なる民政官、事務官ではなく、藩の諸政策についても積極的に建議して、藩政の一端を担う気概のあったことを認めている。

おゝよそ官職に在ってその職務を掌る者は、事を達成するために地位や名誉、威力をもってその職責を果たすものではない。真心から相手に接し心服させることがなければならない。職務の遂行は当然のこと、今、自分が果そうとしていることは「国家・国民の為になっているのか」、また「いかにすれば国家・国民のためになるのか」を自問自答しながら、日々邁進したいものである。この楓軒の生涯を通して、それらの気概を学んでまいりたいと思う。

著者　仲田昭一識

一　小宮山楓軒《こみやまふうけん》の出自

1　小宮山内膳正友信《こみやまないぜんのしょうとものぶ》

小宮山楓軒は、明和元年（一七六四）三月二十一日水戸浮草町に誕生した。名は昌秀、はじめ酒造之介《みきのすけ》、次いで次郎衛門と称した。字は子実、隠居して楓軒と号した。佐竹氏の後に入った水戸徳川家では、家臣団編成のために各地から戦国大名の家臣を受け入れている。家老に登用した最上氏の家臣山野辺氏や附家老となった北条氏の家臣中山氏などがあり、武田氏の家臣小宮山氏もその一人である。（以後、『水戸市史』中巻、『郷土文化』第一七号江川文展「楓軒研究一」、『森銑三著作集』八「小宮山楓軒」、『近世高士伝』）「水府系纂六十二」などを参考とした）

小宮山楓軒の祖は、甲斐（山梨県）の武田勝頼に仕えた小宮山丹後守昌友の嫡子内膳正友信である。内膳正友信は、武田氏が滅亡する天正十年（一五八二）の天目山《てんもくざん》の戦いで勝頼に殉じて壮烈な最期を遂げている。楓軒は、父の東湖（昌徳）から、「小宮山家に生まれた者は、内膳殿が天目山において殉じた心を心として忘れることがあってはならず、主君に誠を尽くすことを最善とせよ」と幼少の頃から教戒されていた。この忠臣の後裔《こうえい》であるとの自覚が、楓軒の成長に大きな力となっていたことは確かである。楓軒は、毎年正月には、武田信玄の画像を床《とこ》に掲げて礼拝していた。先祖の受けた恩義を忘れないためにである。

また、藤田東湖の「文天祥正気歌《ぶんてんしょうせいきのうた》に和す」の中に「或は徇《したが》ふ天目山、幽囚君を忘れず」（原漢文）とある。甲斐武田家の家臣であった楓軒の先祖小宮山内膳正友信が、武田勝頼の寵臣《ちょうしん》（姦臣）長坂釣閑・跡部勝資らと軍略をめぐって口論の結果、勝頼の勘気を蒙り禄を剝がれて蟄居処分となったが、主君勝頼への不平を言わず謹慎生活に入っていた。天正十年（一五八二）三月、勝頼は織田信長勢に攻められ天目山に逃れる。急を聞いた小宮山友信は、勝頼の下に駆けつけ、赦《ゆる》しを得て奮戦に至る。この時、嘗て友信と口論に及んだ長坂・跡部は、老臣らと逃亡して勝頼の側にあらず、勝頼の従者は僅かに四十三人であった。憤慨した友信は、信長勢の迫るのを聞いて侍女二・三人を逃れさせた後、五十人足らずの武田軍勢と共に田野四郎作の地（現甲州市山田町田野）で最期の運命を共にしたのであった。武田家の家臣土屋昌恒、秋山光次らも奮戦した。これを後で聞いた徳川家康は、友信の忠節に感じ入り、友信の弟又三郎昌親を呼び、後の小田原陣の際に長柄槍奉行に任命した。また、土屋昌恒の遺児忠直も秀忠の小姓となり、さらに上総（千葉県）久留米藩主となり、忠直の弟数直は土浦藩主となり老中まで進んでいる。小宮山友信については、『甲陽軍鑑』や『日本外史』『国史略』『野史』に詳述されているが、最も顕彰したのは水戸藩の儒者藤田東湖の「和文天祥正気歌」である。現地には、「四郎作古戦場」（裏面に由来文を刻字）の碑が建ち、その旁らに市教育委員会による藤田東湖の「正気の歌」の該当部分を記した標柱が立ててある。

2　内膳正友信の後裔《こうえい》

(1)　正的休庵《きゅうあん》（止斎）

内膳正友信（友晴）の後の小宮山氏は、数代後に忠左衛門が、甲斐を支配した浅野長政に仕え、忠左衛門の子が忠衛門、さらにその子が休庵で、楓軒の高祖父に当たる。休庵は、武断的な小宮山家に学問的潤色を加えた最初の人物である。休庵の師堀正意（杏庵）は藤原惺窩の門人で林羅山と並び称された俊才、安芸（広島県）浅野家の儒官であった。休庵は尾張徳川家に仕えて

「寛永系図」撰修に携わり、その功を以て幕府より白金五十枚を賜り賞されている。その後二本松藩丹羽秀延に師賓の礼を以て招かれて儒医となり、貞享元年（一六八四）六月五日、江戸八丁堀の邸宅に終った。

楓軒は、二本松藩時代の休庵関係遺文を、同僚である岡野蓬原《おかのほうげん》（小菅《こすげ》郡奉行）を通して二本松藩士成田弥格に託して探った。その結果、黄檗宗《おうばくしゅう》高泉和尚の韻に和す「寄休庵儒士」を得ることができた。楓軒は「（火災前に）予ガ家ノ古紙中ニ高泉ノ書ルモノアリシ。マスマス老和尚方外ノ交アリシコト知ルニ足レリ」と記している（「偶記四」）。

(2) 昌郷峴嶽《けんがく》

休庵の子昌郷峴嶽は、故あって丹羽家を退いて浪人となった。その後昌平坂学問所に学び、林家の門人となって博覧多識をもって称され、また気骨ある人物となっていった。夫人は幕臣伊庭五大夫某の女。楓軒は、この昌郷の墓碑銘を撰文し建碑している。

(3) 昌嶠桂軒《けいけん》（忍亭）

昌郷の子昌嶠桂軒、字は偉長、本次郎と称し、次郎衛門と改めた（楓軒の通称次郎衛門はこれを承けたものである)。楓軒の祖父に当たり、この桂軒から水戸藩に仕え、彰考館に勤めて『大日本史』の編纂に従事することになる。桂軒は、山崎闇斎《やまざきあんさい》の門人で彰考館《しょうこうかん》総裁となった栗山《くりやま》潜《せん》鋒《ぽう》の二女「もと」と結婚、その子が父忠衛門昌徳(東湖)である。潜鋒は、楓軒には外曾祖父になるので、楓軒は潜鋒の伝記も書き、江戸に出た時には潜鋒の墓所のある駒込の龍光寺に参詣している。潜鋒の外曾孫であることは、楓軒にとっては大きな誇りの一つでもあった(『水府系纂』六十二、青山延于著『文苑遺談続集』。栗山潜鋒は、崎門学者山崎闇斎の教えを受けた桑名松雲に学び、元禄六年(一六九三)に光圀に招かれて彰考館に入り、後に総裁に進んだ。不朽の名著『保建大記』がある。潜鋒の嗣子は不熟で栗山家は廃絶した)。

「偶記一」には「忍亭」命名の由来について次のように記されている。「王父桂軒先生ハ少年ノトキ性急ニシテ怒ルコトアリシカバ、曾祖峴嶽先生忍ノ字ヲ以テ亭ニ名付ラル。韓人ノ成夢良ニ請テ忍亭ノ二字ヲ大書シ、自ラ記(ヲ)作リ佐々木文山ヲシテ真下ニ細書シ起居是ヲ見テ戒トス。自是(これより)シテ終身慍《うん》(いきどおり)ノ色アルヲ見ズ。又、酒ヲ好メドモ、三杯ニ限ル。其後ハ、人強ユレドモ決テ飲マズト。桂軒ノ妾海老沢氏、老テ妙信ト号ス。嘗テ談ゼリ」と。

桂軒は、江戸の林整宇に学び、享保五年(一七二〇)水戸藩に仕え、享保十九年(一七三四)に四十五歳で歿した(楓軒の著である「耆旧得聞」には二十五歳の時に水戸藩に仕え、中風を病んで四十六歳で歿したとある）。桂軒の編集には「音楽考」「音楽名器考」「唐楽考」「音楽志稿」がある。この「音楽志」も、編修の命があってから幾日も経たないうちに終わったという（この頃、「志」の編修が終わったものには安積澹泊の「兵馬志」「食貨志」と中嶋為貞の「職官志」のみであった）。しかし、刑法の志を命ぜられたがそれを果たさずして歿した。また、「志」の編修の中で特に「江戸賦」では、父昌郷峴嶽が序文を作り、「僕世《よよ》江城に家し、少壮その事を賦すに志あり。才劣識陋《しきろう》。口を箝《とざ》して輟《や》む。男昌嶠、江城賦二千余言を作る。僕読みて嘆賞、喜びて寝ず」とある。子息昌嶠の力量有るを喜ぶ父の姿が浮かんでくる。また、「耆旧得聞」にはこの「江戸賦」を見た安積澹泊がその文を賞して宮詞宗と呼んだとある。常に史館員に対して堂々の論陣を張り、これを他の史館員は論破することはできなかった程であったともある。この優秀な昌嶠が栗山潜鋒の女と結婚するに至った背景には、父昌郷が昌平坂学問所に学んだことにより、潜鋒との交流の機会を持ったことがあると思われる。

○　桂軒夫人栗山もと（潜鋒の二女）は、宝永二年（一七〇五）四月二十六日の生まれ。元は武士の生まれで、小宮山昌嶠に嫁して水戸に到った。享保十六年

栗山もとの墓碑

（一七三二）正月七日に卒す（墓地は駒込の龍光寺）。二男一女を産み、長は存したが他は皆夭した（「日札一」）。

(4) 昌徳東湖

桂軒の子昌徳（号は東湖）も、彰考館にあって生涯修史に携わった。学問的には特に目立ったものはなかったが、楓軒は父昌徳から、忠臣小宮山内膳正の後裔である自覚と、さらに酒と囲碁の禁止を訓戒された。「この酒と囲碁は、人の害となるものである。特に年少の内は、血気盛んで思慮も熟さないから、これらから身を誤ることが多い。お前も四十になるまではこの戒めを守れ」と（「偶記四」）。

昌徳東湖は、早くに両親に別れて逸楽に耽《ふけ》ったが、後に改悛して書を読み倦むことがなかった。飲酒や囲碁の戒めは、自分を深く省みてのことからであろうか。楓軒は、「自分はそれを遵守してきたが、すでに四十歳を過ぎて今更酒を飲みたいとも思わないし、碁や将棋を知らないことを残念とも思わない。このままで一生を終わってもいっこうにかまわない」と言っている（楓軒著『楓軒紀談』十五）。ただし、楓軒は一度だけ酒を飲んでいる。後掲する文化四年（一八〇七）三月の紅葉郡大火の折りである。孫の昌玄（南梁）が次のように記している。

火既に熄《やみ》て後、属吏の妻児追々帰り、皆々啼泣ありしを先生見給ひ、胸塞がなんばかりなれバ、常には用ひ給ハざれども、酒を持来れと家奴に命じ、一杯を傾け給ひて、胸間爽快し、初て酒の貴きを知れりとのたまひしなり。されど、その後ハ終に用給うこともなかりしなり（「楓軒年録」一追記）。

また、父東湖の、あくまでも謙虚な姿勢を示す楓軒の、次のような回顧談がある。

予少年ノトキ、先人（東湖）ニ従ヒ、坂戸先塋《せんえい》ヲ拝ス。先人、他ノ人ノ墓ヲ高クキヅキタルヲ見テ、教ヘラレシハ、自然ノ高地ハカクベツノコトナリ。ワザト高クスルコトアルベカラズ。朋友ノ墳、並アル中ナレバ、失礼ナリ（「懐宝日札」十）。

「水府系纂」によると、昌徳（東湖）には長子昌秀、次子昌富がいる。長女は杉山直信（尚郷＝水府系纂）に嫁している。しかし、これらの母は妾とあるだけで姓名はない。実は多賀郡下手綱村細金伝衛門の女《むすめ》「佐野《さの》」である。

○　夫人細金佐野（楓軒の母）は、誠実・勤勉で召使いなどに対しても丁寧で慈悲深く、食物などにも上下の区別なく、よく労《いたわ》りを見せたので彼等はよく懐《なつ》いた。昌徳東湖が中風を患ってからは、昼夜看護に当たって帯を解くことなく、熟睡もしないことが三年にも及んだ。佐野は早く実母に死別し、祖母に育てられた。祖母は行儀が良く、常に端座していた。亡くなったのは九月十三日の夜、即ち「後の月」に供える芋の土を落とそうとして、小芋を手にしたまま息を引き取ったのであった。佐野の父伝衛門は養子であったが、誠実な人物であった。小宮山・細金両家の優れた血筋が相俟《ま》って、後の楓軒を誕生させたものと考えられる（『近世高士伝』「先妣細金氏婦人行状」）。この母について楓軒は、碑文に次のように記している。

先妣《せんぴ》、諱は佐能《さの》。先考東湖先生に事《つか》へて昌秀及入江正身を生む。秀、嘗て乏しきを司民に承け、家を挙げて紅葉村に移る。先妣、文化六年（一八〇九）七月二日を以て病歿す。年七十二歳。水戸細谷天界寺に帰葬す。路遠きに当たり、屢《しばしば》展拝する事能《あた》はず。假に壙を生井沢村薬王寺中に作り、其の平生梳《くしけず》るところの毛髪を埋めて省展の所となす。此れ即ち是れ也。享和三年（一八〇三）十月十七日、第三子小三郎夭す。年二歳。文化八年八月二十四日、第二女睦夭す。三歳。並べて其の側に葬る。年久しくして其の所を喪ふを恐る。故に記す。　男小宮山昌秀建つ。

（読み下し）

先妣（死後の母の称）　先考（死後の父の称）

旧薬王寺境内細金佐野墓碑

帰葬（故郷に帰り葬ること）　省展（墓参り）
乏しきを司民に承け（浅学にして民を治める役人となった）

楓軒は、遺骸を亡父の眠る藩の酒門《さかど》墓所（水戸市）へ一緒に埋葬しようとしたが、故障があって菩提所天界寺（水戸市細谷）へ埋葬せざるを得なかった。楓軒は、後々までこれを苦にしていた。このため、文化八年以降のことであろう、水戸細谷の天界寺は紅葉陣屋（現鉾田町）からは遠方であり、しばしばの墓参は叶わないので、生井沢村《なまいざわむら》（現茨城町）薬王寺境内に遺髪を埋めて仮墓を造った。楓軒の孝養ぶりを窺うことができる。

(5)　楓軒夫人稲垣香《こう》（「楓軒年録四十五」より要約）

寛政元年（一七八九）、楓軒は二十六歳で家中の稲垣平之允の娘香（十六歳）を娶《めと》った。香は、楓軒はもちろん姑の佐野との間も実に円満で、実の母子のようであった。夫人に稲垣氏を得たことは、楓軒にとっては、また人生の清福を得たものだった（『森銑三著作集八』「小宮山楓軒」）。

稲垣香墓碑

その香は、天保七年（一八三六）三月十九日暁に六十三歳で歿した。四年前から中風を患い、全身がやせ衰え、疲労も甚だしい様子で身体の自由もきかず、大小便にも家族の手を借りる程であった。しかし、言語は滞ることなく達者であった。

三月十六日には、腰痛を訴えるにより医師伊藤元格の往診を請うた。臍下に一種の塊物があり、これの動きが原因であろうと投薬を得る。

十八日　痛みは間欠となり二人は帰る。医師元格は脈診して「灯の油が尽きたるが如し」と言う。針医林栄も来て治療する。この夜も小四郎、楓軒の弟入江忠八郎の妻も来て看護に当たった。夜半の頃より気息が常ならず、使いを馳せて医師を招き、小五郎および神山繁衛門の妻（楓軒の長女）も走り来れども、気息絶えて皆涕泣の外なかった。其の外、稲垣平太郎母子（楓軒の妻の実家）も来たれども及ばず、眠るが如く、苦無くして終わる。この夜に沐浴して入棺、終夜棺前に衛護した者は入江忠八郎、塩谷小五郎（五男）、神山冨蔵、奥谷三近、生井秀三郎、萩野谷周蔵。

二十三日　門人の石川儀兵衛清秋が「楓軒稲垣婦人墓誌」を記した。

婦人諱《いみな》は香、初名梅。考（父）は平之允運可。妣（母）は小宅氏。年十六にして先生に嫁す。先生名は昌秀、次郎衛門と称す。五男二女を生む。長の造太郎は夭し、次女は神山直晴に嫁す。次の壮次郎を嗣子と為す。次の小三郎は夭す。次は小四郎昌好、出て渡井氏を継ぐ。次の女は夭し、次の小五郎昌穎は塩谷氏の後となる。婦徳有りて善く内を治む。天保七年丙申三月十九日先生に先だちて歿す。年六十三。水戸城東阪戸原に葬す。

門人石川清秋誌（原漢文）。

天界寺は当時無住のため、祇園寺の役僧を以て法名を贈って来た。「温良院泰恭浄空大姉」と。楓軒は自らの手で「温良稲垣婦人神位」なる位牌を作った。これについて楓軒は、「神主の製にあらず。仮の牌子なれば神位と書す。祖母栗山氏に哀淑といへる諡《おくりな》あれば、諡あるも不可にはあらねども、拙（私）が妻たる者に諡せんも世俗に殊（異）なれば嗚滸《おこ》がましく思い」と記した上で「天界寺より贈る温良の字、その性行に適《かな》う如く思わるれば、幸いにこれを用いたるなり。その姑に仕えし時より婦《（ママ）》を視るに至るまで、親《（ママ）》の母子の如くありしはこの温良の字に近きものあるが故と思わるるなり。」と書き加えて妻の労に報いている。

さらに、葬儀当日までに弔問・会葬を受けた者三四八名、葬儀後の焼香者八四名、悔状一七通、その外南組奉行所同心全員、町人・農民数多《あまた》と、大勢からの弔意に対して感謝の念を以て書き記している。

3　楓軒の孝養

(1)　父昌徳

父昌徳(東湖)は、天明三年(一七八三)七月二十一日五十八歳で歿した。楓軒、二十歳の時であった。楓軒は、外出時には必ず父に挨拶をするが、返事に元気がなかった時には、門を出てからまた引き返したりした。そのころ家にいた妙心尼が、訝《いぶか》って尋ね、その旨を父昌徳に伝えると、昌徳は驚いて、「戻って来るに及ぶものか。早く行くがよい」と言う。楓軒は、それを聞いてはじめて安心して出直した。この年の九月二日、楓軒は父の跡を受けて仕官、五人扶持、小普請組となって彰考館勤務となった。天明六年(一七八六)、彰考館総裁に立原翠軒を迎えて、それまで沈滞していた水戸藩の修史事業は再び活気を取り戻した。楓軒は、師匠の翠軒を補佐して大いに努るところがあった。

(2) 母細金佐野

母細金佐野は、文化六年(一八〇九)七月二日七十二歳で死去した。病気が次第に重くなり行くに従い、楓軒は昼夜枕辺に付き添い、様々と手を尽くして看病したが、日増しに気力薄くなり行く様に、嘆きの様たとえようもないほどであった。お付きの者共も神仏へ祈誓をかけ、或いは塩断ち、或いは十七日の断食など、様々に神仏に祈ってはみたがその甲斐はなかった。余りのことに、母佐野から恩義を受けた者の中に、代わって自分の命を捧げようと願い出る者まで現れた。忝《かたじけ》ないとは申すものの、楓軒は当然受けることはなかった。ある時、由緒ある家から団子を贈られ、楓軒はその一つを母の口に勧めたが気力なく食べることが出来ず、暫く口の中に含んでいるのを見て「これへ御食い出しなされ候やうと御声をかけられ、御手を御口に御つづけ候へば、よくも御嚙《か》みなされ候を御食い出しなされ候へば、それを其のまま御手前にて召上られ候。御幼少の時、御母の手に育てられし時はすでにかくの如くなる事を思召し遊ばされ、かく遊ばされし事かと、御側に付き添う人々感涙を催し、何れも袂《たもと》をしぼらぬ者こそなかりし」と。さらに、佐野はもとより慈悲深く、ものの哀れを思い知り、如何なるものにも親切にするので、出入りの人々こぞって「さても御慈悲の厚く、さても御陰徳の御方と称し奉りしに、今生《こんじょう》の御別れと思ひ、皆御恵に預かりし人々なれば、惜しみ奉りしも道理なり。」とは、郡吏西野孝平の記すところである(『近世高士伝』所収「西野孝平筆記」)。

西野孝平は南郡の吏員で、文化十年(一八一三)に楓軒の配下に入った。勿論、佐野の死去については孝平としては伝聞のことではあったが、楓軒の子息昌玄(南梁)も「西野孝平筆記一巻、悉く実録にして、家伝を補うべきもの少なからず。」と付記している。

4　楓軒の後裔《こうえい》

(1)　昌堅

「江水規式帳」には「小宮山楓軒の嫡子なり、学問は嫌なり」、子の南梁も「文学甚だ好む所に非ず」とある。ただし南梁は、「先子は武技に於いて学ばざる所無く、槍刀御砲皆その閫奥《こんおう》を究む」と武術面を褒め、日置流射術では門下生をとるほどであった。安政四年(一八五七)十一月中風で歿す。

(2) 昌玄南梁《なんりょう》

楓軒の孫で幼名は造酒之介、字は伯亀、号は南梁。明治期は主に綏介《やすすけ》を使用している。安政五年(一八五八)正月に家督を継ぎ小普請組。文久三年(一八六三)十二月二十四日、多病によって致仕。元治元年(一八六四)十二月再出仕、格式馬廻格郡奉行見習。慶応元年(一八六五)二月二十五日大御番格弘道館助教、三月二十八日東郡奉行。同年十月二十八日小納戸格国史志表懸、十二月二十八日御軍用御用となる。「諸生派」的立場と見られ、明治元年(一八六八)、「天狗派」が主導権を握ると不遇な立場となる。明治七年(一八七四)上京し、同九年四月に大蔵省に出仕し、同十年正月に東京府に出仕。その後明治二十三年(一八九〇)四月に内藤耻叟《ちそう》と共に『古事類苑』編集委員。明治二十九年(一八九六)十二月東京にて歿した。

幼児期から祖父楓軒の勉学に接し、成長するにつけて楓軒の膨大な著作と収集された資料や書籍・書翰に触れて学問、研鑽の道に進んだ。「南梁年録」の冒頭の思い「楓軒先生に近づく」が「年録」一〇五巻の大著となる。その途中では、夢の中で「楓軒先生に陪侍して学者仲間を訪ねた」ともある程楓軒に憧《あこが》れていたのである。

小宮山楓軒略系図

小宮山丹後守昌友 —— 内膳正友信（長篠の戦い、天目山で武田勝頼に殉じて自刃）……忠左衛門（浅野長政に仕える）……正的（休庵、武断的な小宮山家に学問的潤色を加えた最初の人物）——忠兵衛昌郷（峴嶽）

昌嶠（桂軒、次郎衛門、妻は彰考館総裁栗山潜鋒の娘。能文を以て水戸藩に仕え彰考館修撰に関与）

昌徳（東湖、忠衛門、母栗山潜鋒源介の女）

茂代（杉山与八郎尚郷妻、文化14歿63歳：母細金さの）

昌秀（次郎衛門：楓軒：母細金さの）

稲垣平之允運和女香

昌富（入江忠八郎正敏の養子：入江正身、母細金さの）

妻（石岡より）

幸助（聟）

浅次

酉

（数人夭逝）

細金さの（次女：父傳衛門）

細金妙信（長女：父傳衛門）

幸助

女（再嫁鈴木祐蔵妻）

傳衛門（聟：長久保氏）

造太郎（寛政3生、10歳夭折）

女（神山善十郎直晴妻）

原忠衛門昌大女

昌堅（壮次郎：次郎衛門）

丸山六郎衛門勝与女（後妻）

小三郎（夭折）

昌好（小四郎、渡井家養子）

睦（夭逝）

昌顕（小五郎、塩谷家養子）

喜乃（武藤盈謙妻）

槻（児玉匡直妻）

松（夭逝：7歳）

昌玄（造酒之介、南梁）—— 昌矩 —— 昌雄

福之介（夭逝）

昌武 —— 昌紀

正徳（園部家養子）

佐野（小野崎正通妻）

道（西郷監物員常妻）

勝（佐々木正信妻）

小四郎（夭逝）

昌（夭香：磯五郎）

二　彰考館《しょうこうかん》（史館）時代

小宮山楓軒は天明三年（一七八三）九月に彰考館勤務となり、寛政十年（一七九八）七月には総裁代役を命じられた。しかし翌十一年十一月には郡奉行として転出するに至った。この彰考館時代十七年間の大きな問題は、総裁立原翠軒の罷免《ひめん》に関するいわゆる「史館動揺」である。これについて楓軒は、自身七十五歳の天保九年（一八三八）一月に記述した「楓軒紀談」（十五）の中で、関係する人物評価も交えて当時の内情を記している。この「紀談」は、私的な部分もあるので軽々に他人に見せるものではなく「子孫へ遺すのみなり」とされたものではあるが、複雑な人間模様と史館での編纂業務の裏面を垣間見ることができる貴重な記録である。以下、これを基に意訳的に経緯を記してみたい。

1　立原翠軒《たちはらすいけん》

(1)　師立原翠軒

楓軒は、十五、六歳の頃から立原翠軒に就いて学んだ。師弟間には二十歳の年齢差はあったが、互いによく理解し合い、楓軒は後に『翠軒先生遺事』を著している。この両者の関係を森銑三は、「楓軒が少年にして翠軒の教を受けたのは、楓軒に執っては大きな幸福だったといはねばならぬ。同時にまた、門人に楓軒を得たといふことは、翠軒に執っても大きな幸福となったのである。」と評している（『森銑三著作集』八）。

立原翠軒は水戸城下竹隈町に住まいし、その書斎を此《し》君堂《くんどう》といった。宝暦十三年（一七六三）に史館物書となり「大日本史」の編纂に関与することとなる。その頃の彰考館総裁は名越南渓《なごやなんけい》、名声高く門弟も多くあった。翠軒も南渓に学んだが、そのほかに書は飛騨守頼順朝臣を師

此君堂跡

立原翠軒（無名居士著『立原両先生』）

とし、文は大内熊耳に学んだ。そのため南渓は妬《ねた》んで「甚五郎（翠軒）は異学を唱ふる者」と認めるに至り、翠軒は久しく沈淪《ちんりん》（おちぶれ）不遇な状況にあった。その後、南渓は引退したが史館の編修業務は進展せず、またそれぞれ修志の分属（志類の分担）は決まっていたが誰も編修に力を入れず、これまでに執筆された「大日本史」の原稿は書庫に束ね置かれた状態にあった。写手（清書者）には「一通を写せばよい」との命もあり、一日に半紙一枚を写して終わるような日々が続いた。

　そのような中で翠軒は「仏事志」を分担、群書を考究して既に脱稿するに至り書写人を求めた。しかし、日々を無為に過ごす人はありながら書写人はいないとして与えられず、そのままで日を送るのであった。翠軒は日を追って才能が表われ、能書のことは特に高くなった。六代文公治保《はるもり》は翠軒の才能を喜ばれて侍読《じとう》に抜擢された。侍読となった翠軒は、何事によらず誠心誠意、直言・諫言を呈したので文公も頼もしく思い、ある日「古より人君に釣り合いの臣といふものあり。予にその人なし。汝幸ひに史（館）職にあり、宜しく言を尽くすべし。予に釣り合いの臣と思ふ」とまでの仰せがあった。翠軒は、これでは執政の者（重家臣）たちに忌み嫌われないかと苦労に思っていた。しかし、文公からは「政事のことも意見を聞かせよ」と信頼されるまでになり、天明七年（一七八七）に老中松平定信に対し「天下に三大患ある」由を上書したのであった（三大患とは北辺の危機、一向宗徒、朝鮮使節待遇の三件をいう）。

一方、文公は「大日本史」の編纂事業の停滞の実情を知って驚き、再び翠軒に校訂の職を命じ、天明六年（一七八六）六月、遂に総裁に任ぜられた。これによって編纂事業は大いに進むことになったと楓軒は評価する。後に対立する藤田幽谷も、「修史始末」の中で文公治保の好文と立原総裁の任職がなかったならば、「大日本史」はそれ紙魚《しみ》に供するのみであったろうと高く評価している。

また、楓軒は翠軒をこうも評する。

○翠軒は、学は博洽《はくこう》（広くあまねし）を務め、古きことの廃れたるを興された。経義を考究して文字の異同などを吟味するのは無用のこととして好まれず、その名は善書（能書）をもって高かった。その小さき時までは墨摺と云うことを知る者が無かったのを、彼是と講究して人にも問い、漸くにして墨帖の仕方を得られた。今は世の人誰も知ることになった。書学も古法帖を学ぶことを知ったのは翠軒先生からである。その以前は、水戸の人は皆字譜を学んで瀬尾関などの名があった。其の友人たちは久保盅斎、柴野栗山、伊勢安斎などである。大内熊耳からは文を学び、細井如来からは唐音を受けられた。書画・古書の鑑定は最も妙にして印刻をも善くせられ、心越（禅師）の琴をも伝え、統《す》べて多芸なる人であって、寸陰を惜しんで空しく日を消することはなかった。

○　常に、世の人が著述を以て名を釣ることを悪《にく》まれたが、翠軒が著述、筆記されたものは多くあった。それらを余（楓軒）に「校正せしむべし」と遺言された。（翠軒が）隠居の後、武公（治紀《はるとし》）の命にて、「神君（家康）の事蹟を紀伝体に書くべき」との仰せがあった。

しかし、翠軒は文政六年（一八二三）三月十四日江戸に於いて歿し、駒込海蔵寺に埋葬された。当時水戸に在った楓軒は、師の訃報に接して慟哭、急ぎ筆を執って「水戸彰考館編脩総裁致仕立原先生墓誌銘並序」を撰し、「久しく教毓《きょういく》を蒙むるも、今にして永訣、音容夢寝に忘る能はず。ああ痛ましいかな」と記して別れを惜しんだ。楓軒の無念さを偲ぶことができる。

(2)　藤田幽谷《ふじたゆうこく》の台頭

寛政三年（一七九一）、文公治保が帰国就藩した際に、文武異能の者を賞誉抜擢することがあった。翠軒の門人としてその力を認められ史館入りしていた幽谷は、留附から御徒（歩行士列）に進み、楓軒も小従人から馬廻組に栄転することとなった。この頃、斎藤貞常が幽谷の才能を愛し、「安積澹泊（老牛）は名家であるが後嗣がない。幽谷をしてその氏を嗣がせ、家禄もそれに応じて与えよう」との謀《はかり》があった。翠軒が楓軒に相談したのである。楓軒は「凡そ学ぶものは、名を揚げ親を顕すの孝なるをこそ庶幾《しょき》すべきことなれば、（幽谷としては）願ふ所にはあらざるべし」と答えた。幽谷と懇意の小宮山がそう言うのであればやむを得ないかとして、この件は沙汰止みとなった。

藤田幽谷（『幽谷全集』）

この頃であろうか、「大日本史」の編纂事業に関して、校正係として高橋廣備が水戸へ来て幽谷宅に同居することになった。これをきっかけとして、廣備の豪気も幽谷に加わったように思われる。人はまさに友により変化するの証《あかし》のように思われた。その後、幽谷が江戸邸に詰めることがあった。寛政九年（一七九七）、廣備等と共に屢々《しばしば》遊蕩におよび譴責《けんせき》を蒙り、御目通りは許されないことがあった。そのような中で、幽谷は一通の封書を呈したのである。文公はその封書の文言をも含めて「不敬なり」と怒り甚だしく、幽谷は遂に小普請組に左遷となった。文公は翠軒に対し、「一正（幽谷）が如き才子の、予が国より出しこと、予は頗る自賛にて居たるに、思はざる失行いかんと為すべきようなし」と惜しまれたことであった。翠軒もこれまでは上の御用に立つべきと思い、幽谷に関して頗る心を尽くしたが、幽谷に自ら慎む心がなく御用に立たなくなったことは「自ら得たる罪」といって絶交の形となり、通路（交流）もなくなってしまった。

楓軒は、幽谷に対しても今までと変わることのない態度でいたが、寂寥《せきりょう》を慰めるほかなかった。附家老中山備前守にも、幽谷の赦免《しゃめん》を文公に奏上してくれるようしばしば言上したが、初めは聞かれることもなかった。そのため医師の原南陽（玄与）に相談したところ、「彼の人（幽谷）のことに於いてはとても云ふことあらず」といって受け付けなかった。

親友の高野昌碩（子龍）は、楓軒と同じく幽谷のことを憂えて対策を講じ、幽谷が著した「勧《かん》農或問《のうわくもん》」を著者名を匿《かく》して中山備前守に見せたところ、備前守は一覧して「こは何人の作なるや。如是《かくのごとき》人あるや」と驚嘆、その後はじめて幽谷の著であると知った程であった。

寛政十一年（一七九九）、楓軒はその頃ちょうど義公百年忌であったことを幸いに、中山備前守に対し「正宗の刀に少しの疵《きず》ありとても宝刀にてあるなり。一正の如きは是なり。御免なくて置かるるは惜しきことなり。況んや義公百年の忌にも当らせ玉ふに、如是文人御免あらんには、神霊も悪しきとは思召《おぼしめ》ざるまじ」と幽谷の登用について激論。備前守はその激しさに服して「御忌日に御免あるよう計らうべき」旨受け合ったのである。

これについて楓軒は更に記す。義公忌日の前日、幽谷の家に行くと何やら御用召しの様子、尋ねると赦免のことはいざ知らず、原南陽から「明日は必ず御召あるべき間、其の心構えあるべし」とのことにより準備しているところだとのこと。それを聴いて楓軒は、「中山備前守が受け合ってくれたことは確かであった。しかし、原南陽は先に聞く耳を持たなかったのに、今回のことは如何なることか」と疑念を持った。思い当たることは、二・三日前に、備前守に伴われて南陽たちと瑞龍墓所を参拝したが、その時に備前守が幽谷赦免のことを漏らしたことがある。南陽は早く知って、自ら恩を幽谷に売ろうとしたのではないかと思った。楓軒は、その事には何も触れずに幽谷宅を後にした。幽谷は、後で南陽のことを「恥ずかしい奴」と思うことになるであろう。果たして幽谷は、義公忌日には赦免となり史館に戻った。これによって楓軒は、上(藩主)にもお許しがあったので、師弟の間も以前のようにあって欲しいと求めると、翠軒も承諾して元の如くに和睦したのであった。

2 「大日本史」編纂事業《へんさんじぎょう》

(1) 立原翠軒と藤田幽谷の対立

天明六年(一七八六)六月、彰考館総裁となった立原翠軒は、鈴木白泉、富田長洲の両先輩総裁の試問に対して、「大日本史」の完成をおよそ十年後に期していると答え、「志・表」の編集に大きな熱意を抱いていた。しかし、この編纂が完成するには人材が乏しいと断じてもいた。藩では完成を急ぐために、塙保己一、柴野邦彦、藤貞幹、浦松固禅らにも紀伝の校正を命じた。浦松固禅が校正を終わった頃、その謝礼として藩から翠軒に京都行きの命があった。これは、折を見て畿内・吉野周辺の遺事などを探ることでもあり、それは寛政七年(一七九五)に実現した。この時、翠軒は楓軒にも同行の意を示したが、楓軒は藩の費用では藩財政が逼迫《ひっぱく》していた折でもあるからと、借財して自費で同行した。これを嘉としてか楓軒に加増があり、御手元金も与えられた。およそ半年の旅であったが、「奇書遺聞も多く掘り出し、有意義なものであった」と楓軒は記している。

話は戻って寛政元年（一七八九）夏、翠軒は「夫れ義公の志は専ら紀伝にあり。今宜しく精細に校訂し、速かに諸《これ》を人間《じんかん》に布くべし。修志の如きに至ては、則ち特《た》だ其の余事のみ（原漢文）」と、「志表」廃止の方針を打ち出した。これに対して幽谷は、「それ志表有りて史体然りとなす。先生豈《あ》に之を知らざらんや。紀伝の上梓を促さんと欲するに過ぎざらんのみ」（原漢文）と述べて、師翠軒はただ「大日本史」の編纂の完成を急ぐだけであると「志表」廃止に反対した。

翠軒の高弟楓軒も、「大日本史」を編修するのに編年体であれば「志表」がなくてもよかろうが、既に紀伝体として編纂を始めているので決して「志」が無くてはならない。これまでの紀伝体の歴史書で「志」の無いものは唯「三国・南北・五代」諸史のみである。これらは割拠騒乱の時代であり、それぞれの国家歴史が短期間で礼楽制度を記述するに足るものがなかったからである。それに対してわが日本は、「赫々《かっかく》たる天朝、一姓相承くること二千余歳、経綸制度、典章文物、豈に紀載なかるべけんや（原漢文）」と述べて幽谷と共に「志表」廃止に反対したのである。

大日本史編纂之地碑

また、幽谷は楓軒を訪ねた折「現在編纂中の大日本史に志が無いのは欠典なり。もし我等に命じられたなら編修したいが」と云う。楓軒はそれを承けて翠軒の意見を求めた。翠軒は「元来、志が無いのはやむを得ないことではあるが、幽谷に志を編修するの意志があることは幸いなり。自分が仕掛けた仏事志までも任せようか」とのこと。それを聞いた幽谷は、「総裁からの命令では好ましくない。自分に命ぜられることならば、御用召しがあって殿様（文公）からきちんと命令されるようにありたいもの」との見解を述べた。楓軒は、「総裁は一館のことを掌《つかさど》る立場であり、別に問題はないはずであろう」と云ったが、幽谷は心服することがなかった。

ただ、後に楓軒が、

修志ノコトモ必ズナキニ決シタルニモアラズ。義公薨後《こうご》百年ノ後マデモ史ナラザルコトヲナゲキ、已ムコトヲ得ズ史ノ成功ヲ奏センガ為ニ、志ナシニトハマウシタルナリ。

と翠軒を弁護したように、翠軒としては廃志の意志決定ではなかったとも思われる。楓軒には、師翠軒が、幽谷の厳しい「名分」姿勢に圧倒されて避けていったとも思われた。それは以下の理由による。即ち、楓軒が郡奉行に転出した後に、いはゆる「史館動揺」があり、これによって翠軒が隠居させられたため、翠軒は憤って幽谷と絶交することになる。これを知った楓軒が「オトナゲナシ、優容シタマヘ」と同僚の桜井安亭とともに翠軒を諫めたので一旦は回復している。しかし翠軒は、幽谷からの音信に対しても「快ヨカラズトテ甚大郎ヨリ老父老テ往復ニ倦《うみ》タリ」との理由で返してしまった。こうして自然と絶交となってしまった。これを見ると、翠軒から幽谷を避けていったのであろうと楓軒は記している。

楓軒は懐古する。自分楓軒は、はじめ学問に志すこともなく、十一、二歳より「太平記」などの軍記物を好んで読んでいた。ところが、父親が「お前を聖堂・昌平黌《しょうへいこう》に入れて学ばせたいと思うが、家貧しくそれも叶わない」と歎いた。そのため姉の夫杉山与八郎と謀《はか》って翠軒先生に入門したのである。初めは読書を以て仕え、編纂の助けとなろうとの志もあったが、学ぶに従って「学問というものはしっかりとした志がなければ誠に恥ずかしいことである」と覚悟を新たにした。翠軒先生直々の教えはなかったが（入門当初のことか？）、その教えの篤きことを有り難く思ったことであった。この父も中風を患《わずら》うに至った。楓軒十八、九歳の時である。

また想う。自分（楓軒）が入門した時、信木厚が翠軒に楓軒のことを問うと「（楓軒は）取るべき所無し」と云われた。そ

「大日本史」（常磐神社義烈館蔵）

の後、いかなる見所があったのか、翠軒がしきりに自分（楓軒）を賞美することがあった。自分は、入門後詩文を学んだけれども、自分が拙きことなれば言うには及ばないことである。けれども、師翠軒が漸く自分を推挙せられ、文公にも侍読したこともあって史館に登庸された。館内では総裁の翠軒を助け、総裁に事故ある時は自分を総裁代役たらしめ、後には小石川邸（文公）へ代わるがわるに侍読せよとの命も受けた。これが二年程続き、自分は江戸登りをしたのである。その時までは史館も平穏であったが、自分が史館を出て治郡（郡奉行）に命ぜられた後に、「（史館）動揺」が起こったのである。

(2) 史館動揺

翠軒は文公（治保）の知遇があったが、ある評定所の吟味をめぐって齟齬《そご》があり、それから主従の間に徐々に離間が現れた。それとともに、史館員で反翠軒的であった高橋廣備・藤田幽谷等の説が文公を動かすことになった。楓軒からすれば、高橋は「もとより嫉妬心《しっとしん》が強く」、藤田は「先輩の非を挙げて破ることを好む」人物であった。その二人が最も力を入れて批判したことは「大日本史」編纂の在り方で、義公の意志は「志表の編纂まで云々（含まれていたはず）」と主張して翠軒のやり方に反発していた。そのほか些細なことまで文公に吹聴して、藩士の長屋周辺はもちろん他所往還の人までも「此の藩では立原と云う無用の儒者を差し置くとは如何なることや」などと悪し様に高談する者まで現れるに至った。こうして、遂に修志は藤田幽谷に命ぜられ、紀伝の校正は高橋又一郎廣備に命ぜられたのであった。

この高橋廣備について、楓軒は次のように批難している。即ち、江戸にあっては長久保赤水の門人となった。赤水もその才能を愛して宅に同居せしめて我が子のように育てたが、成長するに従って遊蕩《ゆうとう》を覚えて女性問題を起こし、金銭の浪費も激しくなった。翠軒・幽谷の離反となるいわゆる「史館動揺」は皆廣備が主謀したものであると思える。また、廣備自身についても「才子なれど学問賞すべきこともなかりし人物なり。後には失心せしことをも聞しなり。益々予と親しみはなかりしなり」と手厳しい。

立原翠軒は、享和三年(一八〇三)二月に彰考館総裁を免じられた。楓軒は、既に二年前に郡奉行本職となって紅葉村に赴任していた。翠軒の罷免《ひめん》について、史館員桜井安亭は深く歎き、いかにもしてこの冤《えん》を雪《すす》がねばと楓軒に相談していた。楓軒は問題の根が深いことを思い、当時運送奉行をも兼ねていたので川筋を見分する理由をもって江戸へ登ることを申請し許されていた。いざ出発しようとしたその時、安亭から急使をもって翠軒罷免の報が届いた。しかし、楓軒はそのまま江戸へ向かった。罷免の理由は実に不可解であり、いわば冤罪《えんざい》であることを確信したからである。

　楓軒が、翠軒罷免のことを儒家の柴野彦助（栗山）に告げると、彦助は「大日本史は天下の大典、義公の時の名儒鵜飼錬斎《うかいれんさい》、安積澹泊《あさかたんぱく》など腕に覚える輩の作りたるを、藤田殿（幽谷）や高橋殿（廣備）や乳臭の輩、改作せんとは如何なることにや。（林）大学も惜しき書に疵《きず》を付け気の毒なることと云て居ります」と惜しんだ。楓軒はさらに解決策を聞きたいと思ったが、彦助はその場では云々せずに終わった。楓軒は、後に書翰をもって「林大学頭と藩主治保との面談の上で結論を得てはどうか。また治保に人事の再考会議を訴えたいが如何《いか》か」と問うたが、栗山の返事には「林大学頭も、今更会議すべしとは言うまい」との返事。この返書をもって種々弁論を重ねたが、既に翠軒隠居の命令が下った上のことでいかんともすべきようがなかった。

(3)　小宮山楓軒と藤田幽谷

　そもそも楓軒と幽谷とは親密な交遊であった。幽谷は「小宮山君に与う」の中で「明汪伯玉のいはゆる十三家の書を会読すること毎月六次、また課程を立て文章一篇を試ることまた毎月六次、不佞（自分）また其後を瞠若《どうじゃく》す（驚き目をみはる）。」（原漢文）と記し、また寛政九年（一七九七）二月二十三日の長久保赤水宛書簡の中では「丹心憂国候（ママ）忠志の士」と楓軒を称えている

（『幽谷全集』）。

また、楓軒は石川久徴・杉山子復・原子簡らと会読することがあった。種々先人に関する講義の後で、楓軒は久徴に次のようにいう（意訳）。

幽谷は奇才なりとはいうが、まだ書を読むことが少ない。才子幽谷に励まされて思うに、幽谷がもし五部読むとすれば自分は十部を読めば彼を越えることができようと。しかしながら、今日の論議からすると、我々仲間の内ではいかほど多く本を読んでも、先人の論を弁別することはできない。しかるに、幽谷の俊才は、はじめから先人の論に精通している。それなのに、多く書を読めば幽谷を越えるであろうと思った自分が愚かであった（「幽谷遺談」）。

更に、幽谷を次のように称えてその親密の度を表している（「紀談」十五、意訳）。

幽谷は城下下谷西町に生まれた。その町内に医者鈴木玄栄がおり、その弟子に綿引栄軒がいた。幽谷は、十歳の時に栄軒から句読を授けられたが、その鋭敏なること云うべきものはないと栄軒は口を極めて賞したという。幽谷は十三歳の時に「読孝経孔子伝」を書いて人に褒められた。長久保赤水は感激の余りその著を長崎へ遣わして唐客（中国人）にみせたところ、「古より神童と呼ばれしものも多けれど、経義のことまで此の如くに考究せしものを聞かず」と彼らは驚嘆した程であった。それより文名日に日に進み、幕府へ「正名論」を呈するなどもあり、彰考館へ入り留付に進んだ。この頃楓軒は、幽谷を「予と尤も親しく、読書作文のことにて交はり深くあり。」と評した。

また、幽谷の性格については、「誠に非常の才、読書の力も人に及ぶべからざることありしゆえ、著述も右に順じたることにてありしかども、物を遂ぐることあたはざる性質故に、全書なきなり。」とも記している。

さらに、前述したように幽谷が高橋廣備と遊湯したことから謹慎となり、その謹慎中に上書したことから師翠軒の怒りを買い翠軒と絶交した時も、楓軒は幽谷を訪問して慰労した。その上高野昌碩《たかのしょうせき》と同じく附家老中山信敬《のぶよし》に幽谷の「勧農或問」を示して赦免に尽したのであった。

しかし楓軒は、翠軒を先に弁護したように師翠軒の立場に立ち、自ら一方的に幽谷との交際を絶っていったようである。

楓軒は、後にも七代武公治紀《はるとし》の時に、執政大場弥衛門を通して翠軒と幽谷との和睦を勧めている。翠軒は君命であれば考えないこともないが、「師弟ノ間、絶交ナドハ間々コレアルコトニテ誠ニ瑣細《ささい》ノコトナレバ、ソレ等マデモ上ニテ御拘リトマウスハ如何ナリ」と断ってしまった。後に、いわゆる「立原派・藤田派の対立」の藩政に与えた影響を考えると、この翠軒と楓軒のとった態度は瑣細なことではなく実に重大なことであった。

3 楓軒の学問

(1) 水戸吉田神社に三つの立願

雪の吉田神社

楓軒の幼少期については、「君幼にして岐嶷《きぎょく》(優れて秀でている)、史を読みて楠公の烈に感じ、身を忘れて国に殉ずるの志あり」とある(堤它山「楓軒墓碣銘《ぼけつめい》」)。楓軒は、十三歳の頃に『太平記』を読んで楠木正成の忠烈に大いに感じ入り、常陸三の宮水戸吉田神社に三つの立願をしている。その一つは「君侯の武運長久」、二つ目は「両親の息災延命」、三つ目が「軍法をもって名を立てたい」である。この三つ目の立願については、後年郡奉行を辞めて水戸へ帰った時に、吉田明神に参拝して、「自分の治めていた地域の領民が二万五千人余りになっていたのは三軍の将であることに似ている。これは少年時代に祈願したことが叶ったといってよく、心から感謝している」と報じた。

(2) 楠木正成《くすのきまさしげ》と南朝への崇敬

楓軒の楠公崇敬は、生涯変わることはなかった。その逸話の一つを「懐宝日札六」に見ることが出来る。即ち、後醍醐天皇《ごだいごてんのう》の詔命に即座に応じた正成の忠義心を次のように称えていることである。

此頃、児輩ノ為メニ駿台雑話ヲ読ム。楠木正成ノ條ニテ思ヒ出セリ。先年、或人ノ話ニ、高山彦九郎ノ云ヘルハ、旅寓ニアリテ此書ヲ読ム。正成ヲ以テ孔明ニ比倫シテ猶及バズトセルニ至リ、此書ヲ擲《なげ》テ捨テタリ。孔明ノ先主ニ於ケルハ、知己ヲ感ゼルト云迄ナリ。正成ノ帝(後醍醐帝)ニ於ケルハ、歴世ノ主君ナリ。其詔アランニハ、何ゾ速カニ是ニ応ゼザルベキ。是ヲ以テ、出所ノ優劣ヲ成セルコト如何ンゾヤ。予、再ビ此書ヲ観ルコトヲ欲セズト云ヘルトゾ。実ニ断リナル説トオモワル。正成、臨死ノ一言ヲ陋《ろう》トセンモ如何ゾヤ。楠公ノ忠心義気、死シテ猶止マザルコト、此一言ニモ凛々乎《りんりんこ》トシテ、千載ノ後マデ昭明アリ。何ノ陋ナルコトヤアルベキ。此一條、実ニ(室)鳩巣ノ一失トモマウスベキ。予、人ノ疵瑕《しか》ヲ言フヲ欲セズトイヘドモ、楠公ノ為ニ一洗セザルコト能ハズ。

この南朝方への敬慕は、北畠顕家《きたばたけあきいえ》への賛辞にも見られる。文政十年(一八二七)の陸奥《むつ》鳴子《なるご》温泉湯治からの帰途、奥州貝田・泉田村において西に半田銀山・奥ノ上山、南に二本松・安達太良嶽に雲かかるごときの雪を見る。更に東に霊山《りょうぜん》を望んで次のように記している。

コレ、顕家卿ノ保セシ所ナリ。サバカリノ名将、二度マデ勤王ノ大軍ヲ起シタマイシカドモ、阿倍野ノ一戦ニ殞命《いんめい》アリシコト、皇家ノ衰コノ人ノ一身ニカカリシナレバ、懐旧ノ感堪エガタク、一詩ヲ口占ス。

不独当時声可嘉、千年遺躅也堪誇、誰知芳野春将尽、一夜暴風滅却花

また、楠木正成(楠公)を崇敬していたことから、兵学・剣術・弓術・馬術・槍術・砲術から居合いまで稽古して、いずれも免許印可を得た。いわゆる文武両道を実践したのであったが、それを自慢することなく謙虚であった。剣術の免許を得た日に、師匠の三浦平内が教戒した。「剣術の免許を取ったということは、人に斬られるほどの腕前になったのだと心得るがよい。この上に、いっそう刻苦して学んだら、万一の場合には、人を斬っても、人から斬られない境地に達することができよう。もともと免許にも至らないほどの者は、自分が及ばないことを知っているから、人に斬られるような拙いことは容易にはしない。それであるから、免許を得るほどの者が、人に斬られることになる。お慎みなされ」と。教えに忠実であった楓軒は、拳《けん》

拳服膺《けんふくよう》して忘れることがなかった（「懐宝日札八」）。

⑶ 高山彦九郎を記録

高山彦九郎
（『高山彦九郎全集』第３巻）

「楓軒偶記四」に高山彦九郎のことを記録している。彦九郎は寛政二年（一七九〇）七月に水戸に入り、太田や天下野《けがの》方面を訪ねている。この時、立原翠軒や藤田幽谷、木村謙次らとも接した様子は日記に記載されているが、楓軒の名は出ていない。しかしながら、楓軒は彦九郎の生涯を「立原先生、大原墨斎《ぼくさい》、蒲生君平《がもうくんぺい》等ノ旧記ヲ録ス」とし、さらに「亦思フ、彦九郎ハ長（久保）赤水等ニモ親シク、其ノ北遊ノ時、水戸ニ来レリ。寛政二年庚戌ノ七月ナリシ。友人高野子隠（昌碩）、其（ノ）北行ヲ送ル詩（ニ）曰（ク）云々。コノ外、贈（高山）仲縄詩文二・三ヲ得タリ」と記している。続けて、柴野栗山邦彦の「送高山生序」、菅茶山普師の「或話高山彦九郎事」、樺山石梁公礼の「贈高仲縄序」を録し、「又、森嘉膳ガ録ス末期ノ記事ヲ得タリ」として全文を録し、さらに頼山陽の「高山正之伝」を録した。さらに楓軒は「高山正之道中日記」（天明三年）を天保十年（一八三九）に筆写している。

これによっても、楓軒が彦九郎に大いに関心を持ち、敬意を表していたことが分かる。特に自らの感想を記していないことは、記録することに徹していた楓軒らしいところである。

4　交流人物の評価

これは、楓軒が七十五歳の天保九年（一八三八）十一月に著した「楓軒紀談十五」に記されたものの要約である。楓軒が交流した人物評であり、端的にその人物の特徴が記されている。主な人物をあげておく。

① **長久保源五兵衛玄珠**〔享保二年（一七一七）～享和元年（一八〇一）〕

多賀郡赤浜村の人なり。これにより赤水《せきすい》と号した。好学地図に深く志し、日本図を製作した。明和二年（一七六五）、磯原村の漁民が安南国に漂流したことがあった。明和四年九月その帰国するのを迎えに長崎に行った。その地で清人とやり取りした詩「清槎唱和」があり、「長崎行役日記」もあった。その後、郡奉行の皆川弥六が推薦して安永六年（一七七七）に藩士となり、文公の侍読として小石川邸に近侍したのである。また他の儒者と交流することを好み、広く人

長久保赤水（茨城県立図書館蔵）

に知られるようになった。大能《おおのう》牧場の柵が壊れ、野馬が多く逃げだし農民に害を与えることが多くなったことを上申して牧場を廃止へ持っていった。その老いに及んでは、詩文なども他人が多く代作することがあり、楓軒も「駿河風土記」序文の代作をした。性は謹厚にして人才を愛した。藤田一正（幽谷）が十三歳にして「読孝教孔子伝」の文を作った。これを長崎へ送り、来泊していた清人に見せたことなどはそれを示している。隠居してからは子供も藩士となる格式であったが、辞して赤浜村の郷士となった。その赤浜村の居宅松月亭へは文公も駕籠を向け、家族・子孫まで拝謁を得た。この時、「松月亭寄題」の詩を四方の識者に請い多く集め、文公も詩を詠まれた。年老に及んで、家族は皆故郷に帰ることを勧めたが、文人才士と交わることを楽しんで江戸に居った。その後、さらに衰えたために水戸に下り、紙町に夫婦して住まいした。この時、楓軒はしばしば赤水を訪ね世話をした。楓軒には、朝鮮団扇などの珍品を贈っては喜んでいた。ごく晩年には赤浜へ帰られた。著述の図など、印行したものは外にも多い。墓碑は宍戸侯の撰である。楓軒は、五十四歳の文政十年（一八二七）五月、鳴子温泉湯治の途中に赤浜を通った際に赤水の墓に至り拝した。

② 飯村湜

その家が浮草町にあったことから、蘋亭《ひんてい》（浮草亭）・南澗《なんかん》（谷みず）と号した。父を源次という。楓軒は幼少の頃この人に従って算計を学んだ。兄を太左衛門という。この故を以て楓軒とは親しく交わり、楓軒に従い学ぶことを請うた。しかし楓軒はそれを断り、翠軒に就いて学ばせた。寛政七年（一七九五）に楓軒が翠軒と共に西遊した時には、傦従の如くにして随行した。翠軒は湜の帰藩後、彰考館に入れて書画のことに従事せしめた。その時既に父源次は死去し、兄の太左衛門は史館の管庫となっていた。楓軒が郡奉行に転職した際に、太左衛門を招いて涸沼河畔の海老沢津役とし、運送指引に従事せしめた。しかるに史館動揺のことがあって、翠軒を誹謗《ひぼう》する言が日々巷間《こうかん》に満ち、聞くに忍びず、これを争うに力足らず、遂に館を退いて出勤することなしに至った。藤田幽谷・高橋廣備はその善書を惜しみ加禄・進階をもって利を啗《くらわ》しめ、出勤することを諭した。しかし、飯村湜は彼等のために役使せられんことを恥じ、遂に動くことはなかった。それ以後は閑居して人に交わることはなく、只、時に面会する者は楓軒と二・三人に過ぎなかった。生活は極めて貧なれども意に介さず、詩文を善くし、学もまた博《ひろ》かった。しかしながら、世間に知る者は少なかった。晩年に中風に罹《かか》ったが、幸いにも軽くてすんだ。

城下田見小路にあった舜水堂を守るべき命を受けた。楓軒はしばしば往きてその寂寥《せきりょう》を慰めたのであった。湜が常に楓軒に言っていたことは、「自分は病人である。楓軒先生に先立ちて死なん」と。遂にその言の如くになった。歳は楓軒より十歳も下であったことから、特に楓軒を先生と言ったのである。その志操の清潔なること世に比すべきもなき人ではあったが、不幸にして沈淪《ちんりん》して終わった。その子も不詳にて、今は出奔《しゅっぽん》して行方不明なことは悲しむべきことである。嗚呼《ああ》天なるかな、兄太左衛門も子なし。妹婿川又九衛門の子を養子とし、後を嗣がしめた。

③ 僧實原《そうじつげん》

相馬の人、俗姓は打它氏。その少年の時に相馬侯の近臣となったが、その友と喧嘩して斬殺してしまった。これにより刑せられるところを、赦されて僧となった。打它は、斬殺した友のために教典を血書した。その後、物光和尚に就いて禅を学んだ。水戸に来てから、楓軒と方外の交流があった。和歌を善くし、詩を好んだ。翠軒に就いて学んだ。打它が常に云っていたことは、「今の時に、黒羽藩（栃木県大田原市）の鈴木武助に如《し》く者はいない。万一のことがあって武助が招くことがあったならば、我は僧侶ではあるが是非にこれに従う」と。

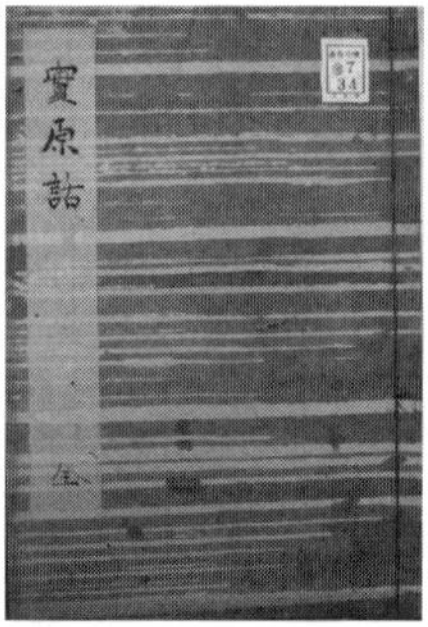

「實原話」
（茨城県立歴史館蔵）

しばらくは古内(城里町)清音寺の寮内に寄宿していた。晩年になって野州(栃木県)野樋留において歿した。杉山策がその死を聞いて訪ね、その遺稿を得て水戸へ帰郷した。楓軒は、江戸邸にいる時にそれらを整理して冊子とした。また、實原の嘗ての談話を記して「實原話」と題して一冊とした。

④ **木村(小泉)斐章蔵**《あやる》(明和三年(一七六六)一月～嘉永七年(一八五四)七月五日歿、八十九歳。檀山と号した画人でもあり、鮎図は有名。文化十一年(一八一四)黒羽藩主大関増業に招かれた。」

下野黒羽明神(栃木県大田原市)の神官で翠軒より儒学を学ぶ。晩年は小泉甲斐守と称し、また小泉檀蔵とも称した(三〇代の半ばに桜田村温泉神社の神官小泉光秀の養子となる。以下、小泉を使用)。水戸に来ては善画をもって称せられた。絵の師匠は島崎雲圃であるが、島崎の師で京都狩野派を学び人物・山水・花鳥画、中でも鮎図を描いて妙手と聞こえた高田敬輔にも直接学んだ。更に円山応挙の洋風画の影響を得た写実画も学んだ。

寛政七年(一七九五)、近江に帰る師島崎雲圃に随行し、京都にも遊んだ。その京都で、『大日本史』の編纂のために関西へ史料調査に行っていた立原翠軒や楓軒ら一行と出会い、大和や芳野へも同行し、その帰途一緒に富士登山を行なっている。その時の富嶽の図が上梓したと云って、楓軒に序文を請うた（弘化二年（一八四五）、八十歳）。今は中風に罹《かか》ったとはいえ、恙《つつが》なく楓軒とは書翰のやり取りをしている。

また、文化十二年（一八一五）に画集『檀森斎石譜』を上梓した。それに楓軒は、頼山陽・立原翠軒・藤田北郭らと並んで序文を寄せている。翠軒は小泉斐の儒学の師でもあった。翠軒の子杏所は、老中松平定信のお抱え絵師谷文晁の門下として知られるが、この杏所に円山・四条派の画風を伝えたのは小泉斐である。翠軒は、門人斐の優れた画才を認めて杏所を入門させたのであった。

この小泉斐と楓軒の関係を、「義公壁書」で加えておきたい。この壁書は、義公（水戸藩第二代藩主徳川光圀）の言葉ではない。これに関する考証の一つが、「楓軒偶記」（文化四年（一八〇七））にある次のような義公壁書考である。

世ニ名君家訓アリ。享保中盛ンニ行ハレテ、有徳院（吉宗）ノ御自作ノ由モテハヤセリ。ソノ後水戸ニ行ハレシハ、改メ題シテ義公命令トイヘリ。皆人、公ノ作ナリトオモヘリ。是皆訛《あやま》リニシテ、実ハ室鳩巣、加賀ニアリシトキ、仮説楠木正成教諸子令トカ題サレシナルモノヲ、何人カ書肆《しょし》ニ授ケ梓ニ彫リ、改メテ名君家訓ト題セシト云フコト、鳩巣ノ跋語アル本アルナリ。ソノ書、節倹ヲ専ラトセラルベキコトヲ載セタル故ニ、当時有徳公ノ御作ナド云ヘルト見エタリ。（新井）白石先生、人ノ鳩巣ノコトヲ尋ネシ答エニ、大臣ノ大餐ヲモ、焼味噌ノノコリニテスマサルル積モリナレバ、ソノ学術モ推シテ知ラルベシトマウサレシヨシ。初見甚ダ異ナリシト見エタリ。

これによると、名君・家訓として流布した江戸時代中期に徳川吉宗作とされたことがあるが、それが水戸義公光圀の名君評判から義公作となったようである。この楓軒の論を受けながら考証を進めたのが、考証論者でもある森銑三である。森は昭和十六年（一九四一）の講演の中で、

私共は郷里の小学校で、義公の家訓だといつて「苦は楽の種、楽は苦の種と知るべし」云々といふ箇条書を教はつたことがございます。『義公年譜採余』にもそれは出てゐますが、その後に（小宮山）楓軒が考を附け加へて、このことは先年吟味して見たが、安積澹泊の書いた物の中に、これは五代将軍綱吉公の作であるとしてあるのを見て、義公でなかつたといふはつきりした証拠を得た。しかし、それが公になつてしまったのは、天下の善を皆公に帰し奉つたので、それによっても（公が）お徳の高かつたことが知られるとしてゐます。果たしてこれが五代将軍の作かどうか、そこにはまだ研究の余地がありさうですが、とにかくその家訓といふものは義公の作ではないと見てよろしからうと存じます（『著作集』第十二、「人物雑稿」）。

と述べて、小宮山楓軒の考証を吟味し、また五代将軍綱吉作との論を紹介しながら結論として義公光圀作を否定している。この森銑三の論考で、義公作であるか否かの結論は出ているものと考えられる。

この「義公壁書」（写本によって内容に異同あり）を、小泉斐は次のような埴版画《はにはんが》「水戸黄門光圀卿御教示」として創作し、周辺に広く頒布した。

① 苦は楽の種、楽ハ苦の本と知へし
② 主と親とハむりなるものとおもへ
③ 下人は足らぬものと知へし
④ 子程に親をおもへ子なき身は身にたくらへて近き手本と知へし
⑤ 掟におし（怖）よ火におぢよ
⑥ 恩を忘るる事なかれ
⑦ 欲と酒と色とは敵《かたき》と知るへし
⑧ 朝ね（寝）すへからず
⑨ 小なることは分別せよ
⑩ 大なる事に驚くべからず

⑪　九分はたらす十分ハこほるると知るへし

⑫　分別は堪忍にありと心得へし

右條々慎守《つつしみまもる》へきなり

天保六年（一八三五）乙未孟春之望造之

文元《ふみもと》よまぬ女童《おんなわらべ》なともかたち有を見ていかなるわさにやと

思へかしとてかくは画《えがき》ぬ

檀山人小泉斐画

（図録『檀山人小泉斐』：黒羽町教育委員会発行より）

水戸黄門光圀卿御教示（図録『檀山人小泉斐』：黒羽町教育委員会）

この埴版画は、膠泥《こうでい》（膠《にかわ》で固めた泥）をもって板を作り、これを窯で焼き、その後に澄泥をまぜてその板に絵や文字を描き、再びこれを焼く。これから拓本に採ったものである。

小泉斐がこの「徳川光圀卿御教示」を題材とし、またそれに絵を入れた背景には、共に富士登山を行なうなど交流のあった水戸藩の学者小宮山楓軒の存在があったと考えられる。

小泉は、「義公壁書」を楓軒から聞いて感ずるところがあり、その「御教示」に「絵」を入れることで、普段文字に触れていない女子・童子たちにもその内容が理解できるようにと「絵入り徳川光圀卿御教示」を制作したのである。かって楓軒は、幕府天領の代官寺西封元《てらにしたかもと》が領民に示した「八ケ条」について、その教えを、文字を読めない領民も理解しやすいようにと「絵入り寺西八ケ条」としていた（「郡宰時代参照」）。小泉の仕法は、この楓軒の精神に通ずるものである。

このほか、「楓軒紀談」には谷遵、谷田部常徳、高橋廣備、桜井安亨、川口長孺、道口貞従、原南陽、高野文助、杉山策兵衛、吉田尚典、立川淳美、木村謙次、武石民蔵、岡野蓬原、小川伊織、高倉胤明、木内玄節、大原左金吾、池平南洲、内藤貞常、佐々木資恒、原迪、小沢多仲、大竹親従、小池友識、加藤正脩、石川久徴、長久保中行、宮部等元、綿引聿脩、僧西天、僧洞龍、僧隆豊、岡崎義章、鈴木重宜、僧立綱、僧順常らが記されている。

最後に楓軒は云う。「（この紀談に記した）吾が旧友皆先に帰泉せしかとも、斐と余ばかりは未だ世に存せり。是も誰が木に就くを知らず」と。

5　楓軒の著述

「精慎録」（茨城県立歴史館蔵の須田氏家蔵）に掲載されているものを掲げておく。

西州投化記	五冊
二公譜採余	一〇冊
天保就藩記	秘書三冊
威公年譜	一冊
近聞復讐記	二冊
井田集覧	二冊
垂統紀事	一冊
三量管見	二冊
楓軒叢記	一四冊
御三家説	一冊
消間録	一二冊
元寇始末	一冊
水府志料	一八冊
重修投化記	九冊
徳潤遺事	二冊
浴温泉記	三冊
義公年譜	一冊
楓軒偶記	六冊
実原録	一冊
郡官年表	一冊
農政座右	五冊
貫針続録	二八冊
楓軒年録	五二冊
水府志料続録	六冊
赤人考	一冊
水府志料附録	五〇冊
舶渡西域記（即皇筆記）	七冊
耆旧得聞	一冊、附録一二冊
貫針録	二七冊
楓軒文稿	五冊
懐宝日牘	一五冊
諼草小言	五冊
楓軒紀談	一六冊

郡官転除例　一冊
皇華記　五冊
閲書目録　一〇冊
欧魚表　一冊
神君九族図考　一冊
多能　二冊
珠塵　二冊
落英捃摭　二冊
師貞古記　二冊
燕石録　七冊
郡庁掌記　三冊
天保年記　三冊

右、表装儼然備書庫（表装して儼然と書庫に備う）

史林年表（家ニ稿本）
楓軒文書纂　九八冊
水城金函録（家ニ稿本ナシ）　四一冊余
楓軒文書纂補遺　四冊

右、納在官庫（納めて官庫に在り）

盈篋録　四百巻余　垂統大紀　七二冊

右、奉命編修（命を奉じて編修）

防海録　九冊
憲法記　一〇冊
文化己丑御事記秘書　二冊
楓軒史料続集　二〇冊
水戸地名考　一冊
遊筑波山記　一冊
淵海遺珠　五冊
記問　五冊
祝融七記　二冊
災後記臆
吉田神社考　一冊
臨池余言補　二冊
異称日本伝補　九冊
那須国造碑紀事　一冊
楓軒史料　五四冊
水戸城考　一冊
燼余記　二冊
翠軒遺事　一冊

以下は、茨城県立歴史館蔵長谷川家本「精慎録」に掲載されている。黄鳥編（二冊）、実原話（一冊）、文字梯（五冊）、小山観音寺考（一冊）

〔文化四年（一八〇七）紅葉大火〕以前の著書目

粛公年譜	成公年譜	良公年譜	宗室世表	征韓始末（未脱稿）
補常陸志料	忍亭叢珠	新田氏族考	国造系図	篋裡雑存　七〇冊余
遠近陵墓考				

右、並未詳巻数

『水戸城地名考』、これは「大掾（氏）築水戸城考」「吉田神社考」「水戸地名考」の三部から成る水戸の地誌である（『茨城県史料 近世地誌編』解題）。

三　郡奉行《こおりぶぎょう》（郡宰《ぐんさい》）時代《じだい》

1　紅葉陣屋《もみじじんや》への赴任《ふにん》

水戸藩では領内への施策の浸透を図って郡制度を導入した。領内を南・北・中の三郡、また太田・武茂・松岡・南の四郡及び野々上を加えた五郡、更に最多の時期には小菅・安良川・石神・増井・八田・大子・鷲子・常葉・浜田・紅葉・大里の十一郡とし、それぞれに郡奉行・郡方役人を配して治めていた。加えて寛政十二年（一八〇〇）二月には郡奉行任地制を採用した。各郡に陣屋（郡役所）を設けて郡奉行はじめ役人たちを任地に住まわせ、日々領民と直《じか》に接することで民情を把握し、支配をより容易にしようとしたのであった。

小宮山楓軒は、それまで史館にありながら、郡政についてもしばしば上書し、政治・経済など民政についての持論を提言していた。郡奉行任地制もその一つである。これらの提言が附家老中山信敬に認められ、その推薦によって寛政十一年（一七九九）十一月二十九日、南郡中の南《みなみ》野合《のあい》組十四カ村の郡奉行となった（この時、同じく郡奉行任地論者であった太田の医生高野昌碩は八《はっ》田《た》組の郡奉行となる）。楓軒は、翌十二年二月に任地である野合組の役宅（陣屋）に移った。七月には組名も紅葉《もみじ》組と変わった。その組の村々十四カ村は、「御郡方新撰御掟書」や「水府志料」によると、鳥羽田村・秋葉村・足黒村・小幡村・世楽村・上吉影村・生井沢村・前原村・飯岡村・紅葉村・上合村・佐才新田、野田村、紅葉古新田村であるが、後の享和二年（一八〇二）に「小鶴村・奥谷村」など五十一カ村を加へて七十一カ村を扱うこととなる。

楓軒が赴任した紅葉陣屋については、次に掲げる大内正敬の「紅葉村旧官府記」がある。

紅葉村ハ常州鹿島郡ニ在リ。聞クナラク、昔シ大楓樹アリ。幹ハ牛ヲ蔽《おお》フベク、枝ハ垂天ノ雲ノ如シ。霜露一タビ之ヲ染ムルトキハ、則ハチ一大紅錦空ヲ蔽《おお》ヒ、数里ノ外ニ之ヲ望メバ、緋雪《ひせつ》紛々トシテ村巷《そんこう》ニ満ツ、実ニ一郷ノ良観ナリ。是ヲ以テ先君威公

紅葉陣屋跡

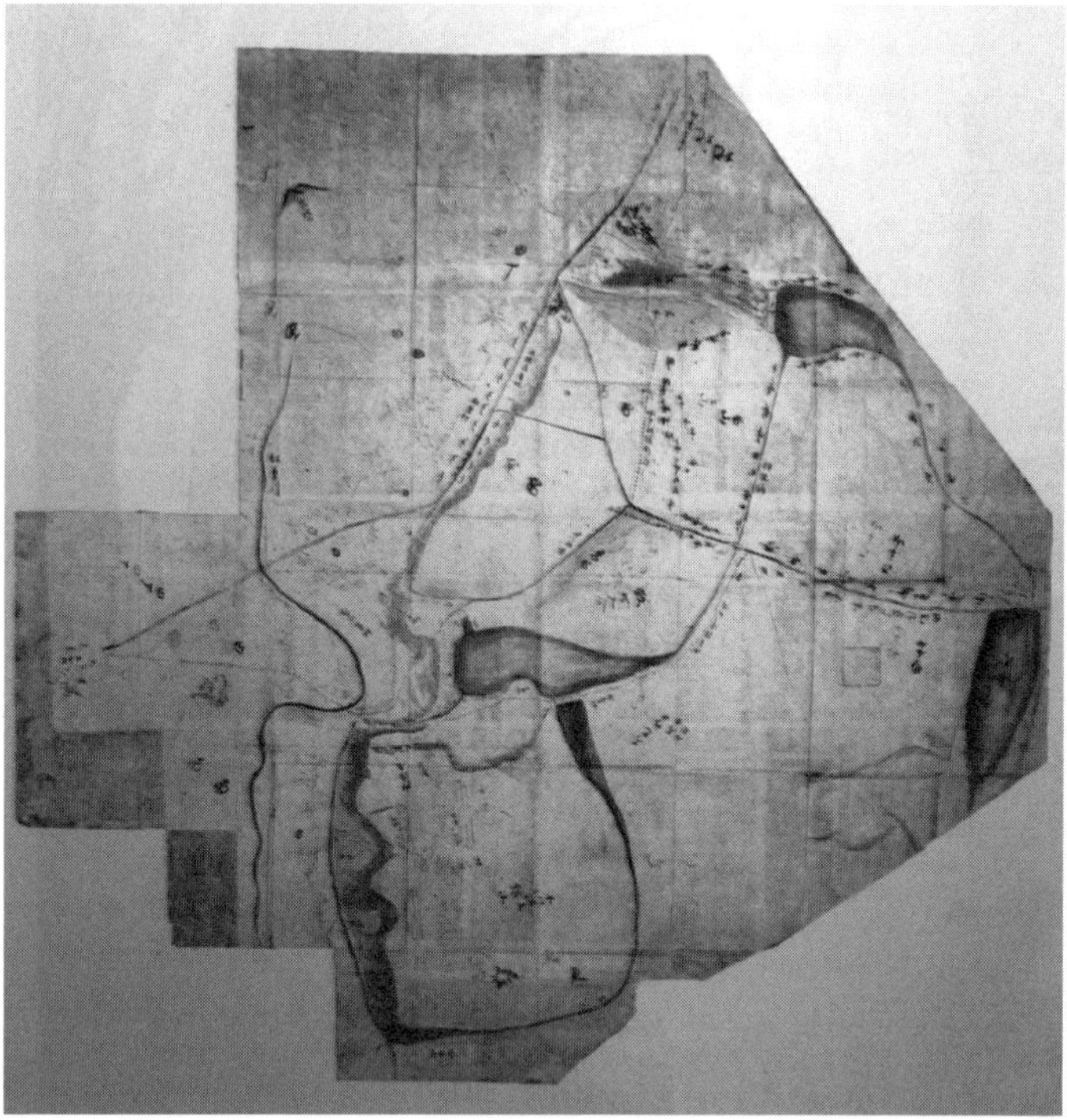

紅葉陣屋図（「小宮山叢書」：国立国会図書館蔵）

（頼房）、出デテ東都（江戸）ニ朝スルゴトニ此ノ樹ノ下ニ憩《いこ》ヒ、遂ニ別館ヲ此ニ造リテ定メテ休息所ト為ス。村名蓋《けだ》シ此ヨリ起ルト云フ。嗟《あ》呼《あ》、聞ク所ノ如クンバ則ハチ紅葉村ノ紅葉樹アルハ猶ホ橘社ノ橘アルガ如ク、櫟《くぬぎ》社《しゃ》ノ櫟アルガ如ク、ソレ一日モ闕《か》クベケンヤ。

（後略）

後に七代藩主治紀（武公）は、楓軒の善政を喜び、また楓樹の枯死するのを心配して、紅葉で有名な京都小倉から楓の若木を取り寄せて楓軒に与えた。楓軒はその恩命を承けて自ら植し、風雨霜雪を問わず朝夕これを養い大樹に育てあげたのである。「楓軒」の号の生まれるゆえんでもある。

「楓軒偶記二」に「紅葉村ハ旧名持地村ト称ス。威公ノ別館アリテ大ナル紅葉樹アリシ故ニ改メラレシト云フ。寛永十二年（一六三五）ノ記（人馬帳）ニ持地ト書シ、十四年ニハ紅葉トアレバ十三年ノ頃ニ改メタマヒシナルベシ。今ノ陣屋ノ地ハ大掾《だいじょう》氏ノ族持地四郎ノ故墟《こきょ》ニテ、地名ヲ大乗ト呼ブ。即（チ）大掾ノ転ゼシナルベシ。又城山トモ称セリ。コノ持地氏ノコトハ、大掾系図又烟田《かまた》氏ノ文書ニモ見ヘタリ。旧鹿島郡ノ地、誤ツテ茨城郡ニ入リシヲ、元禄年中常陸国改正ノトキ旧ニ復シテ鹿島ニ管シタリ。」とある。「持地」と大樹「紅葉」の言葉の通じ合いから村名を改めるのに大きな抵抗もなく済んだものと思われる。

掲げた「陣屋絵図」の下方中央部分の囲い（堀）は、持地氏の古城跡（台地）に建設された「陣屋」である。そのすぐ上（中央）および右上・右方（東）に宝永四年（一七〇七）から松並勘十郎によって推進されたが失敗に終わった「勘十郎堀」（紅葉運河）の痕跡が見える。右方が溜池、その上方が堀跡池、そこから陣屋上方まで延びて中央溜池までが羽生堀《はにゅうぼり》である。現在、陣屋の裏手に羽生村の惣衛門が運河再開掘を試みた記念として「名羽生堀」「宝暦五年（一七五五）十一

名羽生堀碑

月成就」と刻まれて建っている。陣屋左方（西）に流れているのが紅葉川（巴川）で右方へ大きく湾曲しているところが紅葉河岸。羽生はここへ運河を落とそうとしたが地盤の関係と落差が大きく成功しなかった。陣屋から右斜め上に延びる中央部分が紅葉村で、文化四年（一八〇七）の大火前まではこの村域内に陣屋があった。その先上方が紅葉古新田である。この村域右手海老沢方面へ延びるのが水戸往還新道とある。

2　郡政の姿勢

(1)「精・慎・勤」について

郡奉行（郡宰）としての活躍は、郡方役人大内正敬（玉江）の「精慎録」に詳述されているので、これによって記していくこととする。（この「清慎録」の写本は「精慎録」としているものが殆んどであるが、『小学』では「童蒙訓に曰わく、官に当たるの法、唯三事であり。「曰く清、曰く慎、曰く勤。此の三者を知らば、則ち身を侍する所以を知る」とある。しかし、この中では「精慎録」とする。ここでは、彰考館文庫蔵の文久二年（一八六二）四月津田為憲写本を用いた。）

即ちこの村々は、松並勘十郎による運河開削事業の失敗などもあって、領内でも最も貧困な上に人心の荒廃はなはだしく、勤労意欲もなく、従来の郡奉行も見て見ぬふりの巡回ぶり、彼等に改善の意欲は見られなかった。この気風を改革するために、楓軒は自らの治政の方針を「精・慎・勤」と定めた。実際の政治については、明和元年（一七六四）から松岡郡奉行の下役を務め、後に町与力から紅葉組役所勤務に転じて来た坂場流謙の助力に負うところが多い。即ち、精神的教化から入ろうとした楓軒に対し「天下ミナ金銭世界ニ相変ジ候フ上ハ、貨財ニ貰《むなし》ク候テハ仁ヲ行フコトモ能ハズ、風俗ヲ易《か》フルコトモ届カズ、金銭コレナク候ヒテハ敗軍仕ルコト必然ニテ候」と経済の重要性を指摘した。楓軒はこれを承けて、まず村々の殖産興業に尽すこととしたのである。

その具体的な治政ぶりを「精慎録」から抄出してみる。初めに廻村の様子。

○　庄屋ヲ呼ビ寄セ置キ、自身モ必ズ馬・駕籠《かご》ニモ乗ラズ歩行《かち》立ニテ、心静カニ道スガラノ物語リニ其ノ村々ノ様子ヲ問ヒ、又ハ近村ノ動静ヲモ何トナクハナサセ（中略）、イカナル事ニテ此村ハ困窮セシ、イカナル事ニテ彼ノ里ハ富饒《ふにょう》ニナリシト云フコトマデ詳ニ聞キ知リ云々。

○ 育子・勧農ノコトヲサトシ、孝貞・忠節・力田ノ者ハ必ズ官ニテ褒美ヲ行ヒ（中略）、巡村ノ折ナト不図《ふと》立止マリ、アノ百姓ハ誰ト云フ者ナルヤト問フ時、役人共、誰夫《だれそれ》ナト答ヘツレバ、何村誰ヨリ縁アル者也ト。コレハ、何年以前孝貞ニテ御賞ヲモ受タル者、何々ノ難渋ニテ御　救ヲ受タルコトアリ。今程イカガノ暮シヲスルナト、詳ニ語ラレケル故、役人共モ胆ヲ消シ、其記憶ニ恐レヲナシ、仮リソメ事モ油断ハナラズト語リアヘリ。

ここから、徒歩により直に領民たちと接する民情視察の細やかさとその記憶力の強さは、郡政の効を挙げるのに大いに役立ったことが分かる。

更に、「何事ニテモ、物ニ怠リ事ヲ滞《とどこお》ラセ、捨置キト云フコト第一キラヒ」なため、役員替なども「即決」を心がけた。これはまた、賄賂を防ぐ方法でもあった。

また、自ら帳簿類にも目を通し、自ら算し、自ら記していくその精力は常人の及ぶところではなかった。御用・公事訴訟もその場その場に裁決してゆくため、時間に余裕ができ、夏には「昼引き」といって午後から役宅に郡吏を集め、詩書・論語や貞観政要などを講じ教育した。

これは、「延方学校」や「小川稽医館」の設置、また久保木幡竜《ばんりゅう》を招いての村内教化と相まって、郡吏は勿論村民の教化へと拡大され、「紅葉ノ郡吏ハ、トリハケテ律義丁寧ニ御用ヲ守リ、文事モ少シハ意得《こころえ》アリ。算筆諸芸モ出精シテ、慎勤ノ働キカタ廉末《そまつ》ナシ」、あるいは「南部ハ一般人気質直ニテ扱ヒヨシト世評アリ」と評されるまでになった。こうなるには、楓軒自らの日常生活が大きく力あったことも勿論である。即ち、

イカナル風雨寒暑ノ日ニテモ、夜ノ不明ニツトメテ起キ、細キ杖ニカツキ（衣被《きぬかず》き、被《かぶ》りもの）ヲツケテ居垣ノ中、夜ノ明ルマデ草ヲ払ヒ、手本《てもと》ソロソロ白ム時ハ役所へ入リ読書ヲ始メ、モハヤ辰巳ノ刻（午前九時ごろ）至リテ役所ノ人々相詰ル時ハ、先生ハイツモ人ヨリ前ニ待居テ、ソノ人ニ一々挨拶アリ。

とある姿勢がそれである。

(2) 西野孝平筆記

また、同じく配下の郡吏であった西野孝平の思いを、彼の「筆記」から意訳して述べてみる。

① 朝は、いつも日の出前に起床され、お手水・うがいをなされ、直ちに机に向かわれる。それから奥方・お子様方が起床されてご挨拶申し上げる。寝る時は、お子様方はお茶の間

の楓軒に挨拶して後に就寝される。（家庭教育）

② 夜中は、枕元へ留火に付け木を添えて寝《やす》まれる。何か御用が出来て起こそうとすると、大抵静かに申し上げても二度とは申し上げることなく起床なさる。他所へ出かけられた時には、夜中には必ず大小刀を脇に置いて寝まれる。（危機管理）

③ 食事はお茶付けを食されることはなく、強飯を好まれた。また美食を嫌い粗食を好まれたが、常に一汁一菜で三膳の量は守られた。如何なる珍膳といえども、多く食されることはなかった。（健康管理）

④ 三度のお菜については、下々にまで等分に配分された。珍魚の類、その少ない場合も自分の分を削ってでも必ず下々まで下さった。有り難きもまた勿体ないことである。（部下への配慮）

⑤ 任地の村々は、痩《や》せ地も多く、また農民達も酒におぼれ、博打に励むなど勤労意欲に乏しく、かなりの貧しさであった。奉行は、このような農民の実態を調査するためによく廻村をされ、教化に努められた。その際、極く困窮人達が、寒中に夜具もなく老母を凍《こご》えさせ、又は綿入れもなく袷《あわせ》を着ているのみの母親、その子に着せる物もない母の嘆きの様を見て哀れに思われ、忍びがたく、よくよく事情を糺《ただ》された上で藩へ申し上げ、夜着・布

団・綿・子供には花絞りの綿入などを仕入れ、それらの母子等を呼び出して与えてくれた。夜にも菰《こも》や筵《むしろ》にくるまる様で、子は親の寝られないことを悲しみ、親は子供の寒さを案じて自分の凍《こご》えるのも知らない様であったが、今宵からはそれも無くなるであろう。老婦などは、懐より数珠を取出し、神仏へ詣でた如く涙を流して拝したとか。殿様（藩主）の世ではあるが、御仁政を聞くのも有りがたいことである。恵みを受けた者共は、殿様より郡奉行を有り難いと言いしなり。扱い村の農民全てが奉行に帰依している。御政道において一《いっ》として届かない事はなかった。郡奉行といえども、役人も村人も帰依することなくては務めることも難しいであろう。ましてや殿様においては。（愛民政治）

(3) 絵入り寺西八ケ条

また、楓軒の農民教化法の一つに「絵入寺西八ケ条」がある。文字の読めない農民達に対して、教えの内容に絵を入れることで容易に理解させようとしたのである。ここにも、楓軒の農民への愛情、風紀改良への強い意志とアイデアとを見ることできる。

「寺西」とは、幕府の代官寺西封元《たかもと》のことである。封元は、寛延二年（一七四九）安芸国《あき》（広島県）浅野家の旧臣寺西家に生まれ、安永元年（一七七二）に幕臣となり、寛政四年（一七九二）六月、

寺西封元（『塙町史』第二巻資料編１：塙町教育委員会）

陸奥《むつ》における天明の飢饉後の農村復興を担うため白川郡塙《はなわ》（福島県）代官に任ぜられ、その後小名浜《おなはま》、桑折《こおり》など十四万石の天領を管轄した。代官在職三十六年、文政十年（一八二七）二月に桑折陣屋で歿している（『国史大辞典』吉川弘文館）。

封元は、塙代官時代の寛政五年（一七九三）に次のような農民訓「寺西八ケ条」その他を領内に配布し、農村の教化に努めた。

ア　天はおそろし

毎日毎日人間の心のうちとしわざをハ、天は見通しなり。心を正直にしてよき事をするものにハ、どこぞでハ御めぐみあり。悪心をたくミ、わるき事をするものにはばちあたるなり。おそるべき事なり。

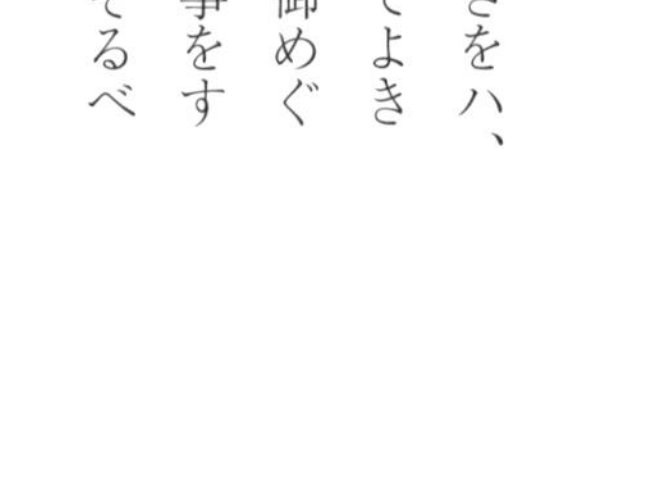

イ　地は大せつ

人々の食物、着るもの、その外何にても、地より出来ざるものハなし。地をそまつにすると自然にばちあたり、くひもの其外何事にも手つかへこまる事出来るなり。少しの地にても大切にする事なり。

ウ　父母は大事

面々ひとなミにそだち、はたらくからだハみな父母よりさづかり、いろいろの手あて、苦労のやしなひをうけ、人になる。父母の大恩かぎりなし。大事にせねばならぬ事なり。

「絵入り寺西八ケ条」（「楓軒叢記巻八」：国立国会図書館蔵）

エ　子ハふびんかあい

子をふびんかあいく思ふハ、生類皆おなじ。一人の子にても五人七人おる子にても、皆我肉をわけたる子なれバ、かあいさに違ひなし。いくたり出来ても、おなじやうに大事にそだて上べし。年おいてハ、子や孫より外に頼ハなし。子をそまつにすれバ、鳥獣にもをとりて、天の理にそむくゆへ、末なりとしるべし。

オ　夫婦むつまじく

夫婦ハ天地しぜんの道なれバ、夫ハ女房をふびんに思ひ、たのミにいたし、女房ハおつとを親のごとく大事にいたし、夫の心に背かぬやうに、一生むつ

ましく暮らすべし。

カ　兄弟仲よく

兄弟ハ前後に生まれたる違ひにて、同体なり。ずいぶん仲よくして、たがひの力になるべき事なり。

キ　職分を出精

田畑のつくり方、その外百姓のすべき業を年中油断なく精出しかせぐべし。せい出せハ諸事とゝのひ、だんだんにさかへ、ゆだんすれバ、びんぼうぐらし絶ぬなり。平日ともに、衣類くひ物をはじめ、何事もをごりがましき事なくけんやくを守り、かせぎ事ずいぶん出精すべし。

ク　諸人あいきょう

人間一生の世わたり、人ににくまれてハ
わざわひ出来、う（憂）きくらした（絶）えぬなり。
相たがひになさけ深く、実儀を
以てうつくしく世をわたる事を心がけ、
すべてなんぎなる事、腹の立つ事をも
堪忍を第一にして、あいきやうを専ら
にすべし。

楓軒は、この文章を上段に記し、図示したように下段に関連の絵画を入れて印刷し、村々に配付した。これが「絵入寺西八ケ条」であり、その最後に次のように記して、これらのことを堅く守るよう言い含めた。郡奉行就任三年後の享和二年（一八〇二）のことである。

右八ケ条の趣をふだん心がけまもれハ、人間の道にかなふゆへ、其身孫子まではんじやう（繁昌）にさかゆる事、うたがひなし。若し又、右を守らず、身持もち悪きものハ、あらためのうへ急度《きっと》とがめ申付候間、よくよく大切に相守るべし。

戊　九月

（『楓軒叢記』五、巻八）

楓軒が、民政家の先輩である寺西封元に学ぶところはこのように深く、また楓軒の農民教化への熱意と信念とを感じ取ることができる。それが如何ほどであったかは、二〇年後、楓軒との離別を惜しむ農民の姿がそれを如実に物語っている。

3　具体的施策

楓軒は郡奉行として創意工夫を重ねて農村改革に努めた。その当時の農村は、紅葉組に限らず全体に紅花や煙草・甘藷などの商品作物も増え、貨幣経済も流入して奢侈になり農事を疎《おろそ》かにする者も出てきていた。藩としてはそれの蔓延を警戒し、文化五年（一八〇八）小宮山楓軒・岡野庄五郎・小原忠次郎・増子尊祐・白石又衛門・皆川弥六・加藤孫三郎・伊藤酒造衛門ら郡奉行の連名で「書き付けを以て申し触れ候」と以下のような触を出した（『瓜連町史』より意訳）。

昨年は田畑の実入りが少なく難儀した村もあった由であるが、それは常に貯えが少ないためである。近来郷中に不相応の諸品を売買いたし、以前に比して支出が増えている。村中でよくよく申し合わせ、不用の品等を省き、穀物を貯え、非常の際の用意を心がけよ。

なお、その上で村役人は奢侈の風儀を正すように努めるように。具体的に左に示す。

一、音信贈答・婚礼葬儀などは、質素倹約令を踏まえて「質素」専らに努めること。

一、商い店が絹・小間物など不益の諸品の売買を禁ずる。

一、願い無く他所を参詣することは前々から禁じていたが、最近弛みつつあることは不届き至極である。

このように、直接領民と接する郡奉行たちは気風の刷新・生活力の向上に努めたのである。

以下に、楓軒が紅葉郡で行なった施策の主なものを挙げてみる。

○　御立山代金三度払い

御立山とは藩有林のことで、それは分付山(私有林)よりもはるかに多い面積であった。管理は、近隣の農民に課せられた夫役によった。この御立山の払代金を三度に分納し、残金を活用し、貸金、河岸場設置による利金などを村費に充当する。

○　分付山払い金額完納

分付山とは個人所有の山林のこと。所有主は毎年相当の租税(野銭)を納め、自由に植栽出来たが、その保護は藩の役人に当たる大山守・小山守が当たり、自由に伐採することはできなかった。その分付山の払い半納を禁止し全額完納とした。

○「地押し」(一種の地積調査)の実施
「地押し」を実施し、検地帳と実際の田畠所有を照合して土地の不正所有を摘発し、課税の公平を図った。
○「稗蔵」設置による飢饉対策と育子の奨励
○「植林事業」の奨励
○郷校設立による住民の教化
これらの中には、後の斉昭による天保の改革に生きてくる施策もある。この後に行なわれるいわゆる天保の改革の基調が、既に楓軒によって敷かれていたことに注目しておきたい。

(1) 植林事業

寛政十一年(一七九九)の松苗は、四歳以下のもので一両で一万四千三百本が買えた。水戸藩の南部は江戸に近く、用材として高価で売れた松が多く植えられていた。また所々の空地散野に「櫟《くぬぎ》」を植えさせたことも大きな工夫の一つであった。「櫟」は松に勝り、野火にあっても傷《いた》まず、一度植えれば十年毎に伐り出して薪にすることが出来る。しかも切り株から新芽が出て育ち、植え替ることもない。この良さを教え、役所の入用金を充当して櫟の苗木を求め植林を勧めた。このため、紅葉近辺の村はいずれも十年毎に二十両、三十両づつの有余の現金を得ることが出来た。この植林によって、材木・薪・炭はこの地方の特産物となり、近くの小川河岸と下吉影河岸から江戸へ大量に搬出された。

この「櫟植林」について、楓軒は「楓軒紀談八」の中で次のように述べている。

クヌギ林

（紅葉組紅葉村の）秋葉友衛門又曰ク、予郡奉行初年ニ植タル橡《くぬ》木《ぎ》、今ハ成木シテ既ニ売払ト成リシナリ。小幡村ニ植タルモ、田村太郎吉ニ命ゼラレシモノ最大ニシテ材真木ナルホドナリトゾ。思フニ、既ニ三十年前ニ植エシナレバ左モアルベキナリ。此木伐リ株ヨリ蘗《ひこばえ》生ズレバ、一度植レバ其尽ルト云フコトアラズ。長ク国益トナルコトナリ。

予、奉行タラザルヨリ坂場与蔵ト相議セシコトアリテ其事ヲ謀リ、初年ニ其実六百俵ヲ買テコレラウエシナリ。其年ハ此木ノ実大ニ豊ナリシナリ。是モ亦一奇ナリシ。又、此（秋葉）友衛門モ最初ニ予ニススメタリシナリ。

これによって、郡奉行・手代・大山守らの協力態勢も良く整い、郡政の効を挙げる結果ともなったことを知ることができる。

なお、紅葉村の松材は良質で、大工の棟梁《とうりょう》たちから評判であった。楓軒は「楓軒日札十四」の中で「易、大過ノ九四ニ棟隆ト云ヲ、註ニ如棟之隆起トアリ。先年紅葉ニアリシトキ、或人ノ云エルハ、貴管下ノ松ハ實ニ良材ナリ。江戸材木肆ニテ、必ズ棟梁ノ用トスルコトナリ。其故ハ、久シクシテ上ニソリ出デテ、甚ダ丈夫ナリト云ヘリ。是等ヲ棟隆起ト云ベキニヤ」と伝えている。

(2) 育子策

そもそも、江戸時代二百六十年間の日本の総人口は三千万人を前後し、殆ど増えなかった。水戸藩に於いて、寺社領や町方を除いた農村の人口は、正保三年(一六四六)には十九万六千人余、享保十一年(一七二六)には三十一万八千人余となったが、この頃が最も多く、以後は農村の窮乏化の進行や藩財政の悪化が相乗して減少が進み、天明六年(一七八六)には二十三万人余まで減少した。これ以降、天保期の初めまでの四十数年間は二十二万台で推移し、天保五年(一八三四)頃から回復して幕末期には二十七万人台に達した(『新編日立市史』)。

このような中で、水戸藩では早くから「間引き」の禁令は出していたが、強く発令したのは享保十二年（一七二七）が初めてのようである（「水城金鑑」）。この間引き対策としては、禁令や教諭だけではなく、多子養育者の褒賞、育子三人以上で貧困な農民には、村役人の願い出によって子育金や子育籾を給与した。更に、寛政三年（一七九一）からは「懐胎人改帳」の作成を各村に命じ、妊婦の登録を義務付けて一層の強化を図った。しかし、実際には徹底は難しく、村役人の中にも禁制を無視して堕胎や間引きを止めなかった者もいた。それほど農村は窮乏化していたといえる。

(3)「農民懲誡篇《のうみんちょうかいへん》」の配布

鈴木武助（鈴木博氏蔵）

黒羽藩《くろばねはん》（栃木県大田原市）の鈴木武助（号は為蝶軒）は、寛政二年（一七九〇）十一月十五日上野国（群馬県）太田の志士高山彦九郎の訪問を受けた。武助は、彦九郎から奥州に於ける天明の飢饉の惨状を聞き、その深刻さに衝撃を受けた。その悲惨さは、ひとり奥州のみならずこの藩に於いても起こりかねないことと、急ぎそれへの備えに入った。則ち、彦九郎の話を受けて「飢饉之憂い」「天災地変の事」「餓死人の事」「貯穀」「農業全書を読むべき事」など十ケ条にまとめて筆録し「農民懲誡篇」とした（文化二年（一八〇五）十月）。さらに木版物の御教壁書「人心獣面の壁書」を刷《す》って各村に配付し、各家の竈《かまど》の前に貼って置かせた。郷方吟味役に抜擢された武助が、「何としても非道な間引きを根絶しなければ」との固い決意を示し、訴えたものでもある。

この「農民懲誡篇」を手に入れて写した紅葉組冨田村（行方市）の庄屋羽生惣助は、「小人の心得にも相成候義もこれあり申すべきや」と思い、近隣の村々同志の者へ配りたいと、文化五年（一八〇八）八月に支配の郡奉行小宮山楓軒に伺いを立てた。その結果、これを九月には配付している。羽生惣助の伺いは、以下の「農民懲誡篇」の序文に見ることができる。

当御領育子之儀、貧村窮里迄残す所無く行届き、人皆御仁政を仰ぎ奉り候ニ付ても、此上奢を止メ朝暮農業に心を委ね、丹誠せずんハ有るべからず。若し凶作飢饉之節ハ、大勢の家族に及ハん事必然也。返々も農業専らに心

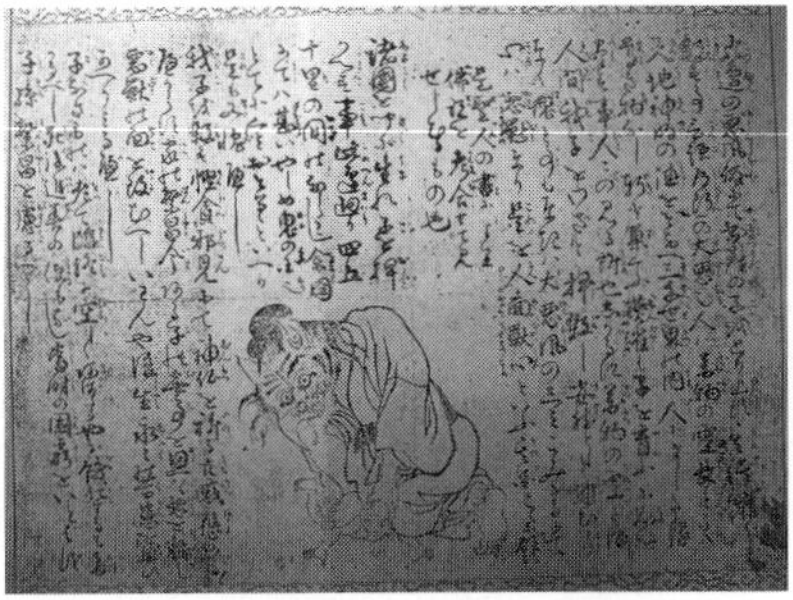

「人面獣心の壁書」（佐藤一郎氏所蔵）

を用い度き事なり。風雨順能豊作之節は深耕し、助け多き田方も浅耕し、助け少なき田方も取実格別に、甲乙分らず共、大凶作に至りてハ手入れ薄き田ハ実法《みのり》の劣る事、手入厚き田乃十ケ一とかや、甚だ歎かわ敷ことなり。既に当村に勘左衛門といへる下百姓あり。農事出精朝暮丹誠を抽《ぬきん》じ、四十年来身代を持ちけれども、壱ケ年として小検見御引申請けず、上之御不益ニも成ざる也。天道の恵有てや、貯《ため》置し雑穀共、凶年之節高値ニ売払大に利を得たり。今、孫子之代と成ても勝手向乏しからず、上百姓之類ニ連れり。誠に明ケ暮農事怠り無く、小検見・御救だに申請多しと。田畠手入を心掛なは、其身一代に千金を積事も難からし。例ハ治世之百姓農事に心を用い、金銭米穀貯《たくわえ》多《おおく》豊饒なるハ、乱世の武士戦場の勲功に寄て厚禄を得ると同然也。世の諺にも、運ハ天にあり、貧福ハ其身の行に有りといへり。能々此理を勘察有たき事也。又、凶年の節飢饉に及へる者ハ、常之心掛悪敷く、かつき商、漁り等を業とし農事を疎に心得たる者也。幸にして死を免たるも、翌年ニナリテ大病を煩い、困苦云《カ》ばかりなし、是に付ても、農事怠候てハ天災恐入こと也。兼てより上より御下知これ有たる溜穀溜稗之御仕法・御仁政之有かたき事を弁へ、怠りなく出精専要なるべし。

右、本文之儀は小人之心得にも相成り候義もこれ有るべく申すやと、恐れながら存じ

奉り候。依て村々同志之者江御配り遊ばされ、下し置かれ候様仕りたく窺い奉り候、以上

文化五辰八月　　　　冨田村庄屋惣助

御奉行所様

（読み下し）

〈内容に小異はあるが文化五年初春の写し（茨城県立歴史館蔵長谷川本）もある。〉

この結果、郡奉行小宮山楓軒の許可を得て、さらに、

右之本文ハ野州黒羽子矦御家老鈴木氏述スル所也。予熟読して感るの余り巻末に聊《いささか》愚意を贅《ぜい》し、後来の人々懲誡之一助にもと、不才の身、他見を顧ず、広く同志の人にしらしめんと、遠近に配るもの也。

文化五戊辰年九月　　常州冨田　　羽生惣助為章謹誌

と記して広く配布された。

なお、許可を与えた楓軒もこれを筆写し、随所に楓軒の書翰を挿入し、その序文に次のように記した。

右奥書は、行方郡冨田村の里正惣助カ記せる所なり。惣助、此書を以て各村に分配し、農を勧め非常を戒めんとす。其志嘉尚すべし。此本即ち惣助より（借用して）写しぬ。中間に

低書するハ、予カ増補せる也。吾が邦にも如此なる事ありし、と云へるを後人に知らせ、いましめんとの寸志なり。観るもの、徒《いたずら》に蛇足とのミ思ふことなかれ。

（文化五年）戊辰七月十四日

水戸小宮山次郎衛門昌秀識

いずれにしても、この鈴木武助の「農民懲誡篇」が重視され、しかも郡奉行小宮山楓軒もこれに注目して広く頒布することを許可したことは確かである。文化六年（一八〇九）春には三才村（常陸太田市）の里正鈴木彦兵衛成允が、その翌七年初秋には藩士で後に松岡郡奉行所に勤める十九歳の長谷川藤三郎も写したことが記されている（茨城県立歴史館蔵長谷川家本）。

その後この「農民懲戒篇」は、武助が歿して六年後の文化八年（一八一一）八月に『農諭《のうゆ》』として刊行されている。同年、水戸藩内では、彰考館員秋山盛恭が写本に誤謬の多いことを憂い、黒羽藩の長坂氏刻本を以て刊行している（『日本経済大典』第二六）。その後、各地に於いても板行され、周辺の村々に広く配布されていった。

(4)「水府志料」の編纂《へんさん》

楓軒は、郡奉行在任中、文書の整理に務め、諸人から見聞するところを記録し続けた。「予が家は、高祖休庵君以来読書儒を業としたれば、子孫たる者先祖之志を継き、読書身を修むべきは勿論なり。又今日にありては、さしあたり国家の法令を明らかにして、毫も是を犯す事なき士たる者の心がけ第一なり」とは楓軒が編集著「憲法記」の序文に記したことであるが、これが生かされ「新撰掟書」などをはじめ数多くの著述がなされたのである。しかも、それらの多くが紅葉陣屋焼失（楓軒四十二歳）後であることを考えると、正に「博聞強記」その筆力の偉大さに驚嘆せざるを得ない。

それらの中で、一名「水戸領地理志」「御領中地理志」といわれるこの「水府志料」は、小宮山楓軒が中心となって編纂したもので、文化四年（一八〇七）に藩に提出されたものである。編纂に関しては、「水戸紀年」文化二年九月の条に、「幕府命アリテ封内ノ故事古跡及寺社ノ旧記古文書ノ類ヲ書上ス」とあり、「水府志料」の序文には、「此の度、諸国地理之書、公儀（幕府）に於いて委細御吟味有之候に付き」とあるように、幕府は全国各地の地誌を編纂する意向があって、各藩に領内の調査を命じていた。これを受けて水戸藩では、領内に対し「御領内之義、御城下・武士屋敷・町屋より郷村・寺社等に至るまで、支配々々より銘々相糺《ただ》し候様相達候」と達した。この命を受けて、各郡内の村々では庄屋・組頭の名を以て各郡奉行宛「書上帳」を提出した。照沼村（東海村）の「書上帳」の下書では文化二年四月とあり、玉造町（行方市）の田中家の「書上書」には「文化二年丑ノ三月八日書出ス。紅葉御役所小宮山次郎衛門様」とあることから、水戸藩も文化二年(一八〇五)の早い時期に編纂命令を出したと考えられる。「水府志料」の序文には、村の所属する郡の方位、組名、戸数、水戸に至る距離、地勢、古今の沿革、位地、四方の里数、隣村との境界、産物のほか、陣屋、稗倉、渡場、穀留番所、古城跡、古墳、古文書、古図、古器物の類など十四項目にわたる記載方法(覚)を挙げ、それらを仮名書きで提出するよう命じている。この中で、「郡毎にその属する所の郷村の名を挙げ、民戸の数まで是を記すべし。但し口数並びに石高等は一切記するに及ばざること」とあって人口・石高のことは省略されている。これは、多分に背後に政策的配慮が含まれていると考えられる。しかしながら、当時における水戸藩内の村落の実態や地域の特質を、初めて体系的に記述した地誌として最も優れたものといえる。文化四年(一八〇七)に完成して提出されたのは、目次にある茨城郡三冊、那珂郡二冊、久慈郡三冊、多賀郡一冊、行方郡二冊、新治郡・鹿島郡一冊、那須郡一冊、産物類一冊、目録・地図一冊の計十五冊である。このほかに、文化七年に成立した「松岡地理誌」(附家老中山氏領の地理誌)を参考にして記された「松岡」の項を一冊として加えている。

楓軒ら編纂係は、これらの村々から提出された「書上帳」を参考に、ほかにある藩の記録や楓軒自身の豊富な知識を用いて編纂を行なった。これの完成には小宮山楓軒の功が最も大であり、本書が一般に楓軒の著書のように云われるのは、決して理由のないことではない。この「水府史料」の中で、楓軒が赴任した紅葉組のうち陣屋の置かれた紅葉村の記事を掲げておく。

紅葉組　紅葉村　戸凡二十　水戸迄四里三十三町

村名、古しへ持地といふ。水戸殿別館に紅葉の大木ありしかば、寛永中改め名付けられしとなり。其後別館は廃せられ、土人（地元民は）御殿跡と呼ぶ。東北に原野松林あり。東は大和田、萱谷村につゞき、西生井沢、前原村、南は小流れを以て上合村と堺ひ、北紅葉古新田、鳥羽田村、城之内村なり。東西二十町程、南北三十四町程あり。水戸より潮来江の往還道筋なり。

水戸義公紅葉の旧館を見給ひて、

むかし見し草の庵の名残とて分るたもとに露そこほるゝ

初秋の初の月、紅葉といふ所にやどり侍て　釈恵明

名にかよふところはわけてけふしもそもみちの秋の時にあふかな

紅葉川　泉川の下流、世楽、生井沢の地より来る。此地にては紅葉川と称し、板、真木（薪）、其外諸品の荷受河岸あり。此所より小舟にて串引、当ケ崎にはしけ（艀）、北浦より江戸に運ぶ。

紅葉川（巴川）

徳宿郷　按、府中常葉氏所蔵の文書に、徳宿郷の内大和田生江沢とあり。此地両村の中間にあるときは、徳宿郷の中成る事知るべし。

城山新田　古昔持地四郎と云人あり。志田次郎に党し、頼朝に滅されたりと申伝ふ。城山の堺、今大和田の地に大ぜふといふ地あり。持地四郎、或は大掾氏の族ならん歟。又按、大掾系譜に、鹿島三郎成幹第四子用次四郎助幹あり。此人なるべし。又烟田《かまた》氏文書に、大掾庶族持寺とあり。茨城郡世楽村の條見るべし。

陣屋　古別館の地にあり。享和元辛未（一八〇一）の春、新に陣屋を作りて、水戸殿郡奉行の治所とせらる。即今の紅葉組なり。

(5) 旌表録《せいひょうろく》の編修（旌表は人の善行を褒めて広く世間に知らせること）

大宝二年（七〇二）十月二十一日「上は曾祖より下は玄孫に至るまで、奕世《えきせい》（代々）孝順なる者は挙戸《きょこ》給復《きゅうふく》し、門閭《もんりょ》を表旌し（『書経』に「門閭を旌表し」とある。孝子節婦等の善行をその里の門に表旌する)、以て義家とせよ」(『続日本紀』)とあるように、孝順者旌表の文武天皇の詔勅が下されてから以後、奈良時代や平安時代によく行なわれた。

特に元号の改元、天皇の即位、変災の勃発などがあったときに、孝子、順孫、節婦、力田者などが賞された。江戸時代になると、更に盛んに行なわれ、享保五年(一七二〇)徳川吉宗は篤行者旌表の規定を設け、老中松平定信は、寛政元年(一七八九)三月に全国の幕府領、私領に命じ、領内の善行者の表彰事例の書上書を提出させた。これらの整理・編集には、林述斎・柴野栗山・尾藤二洲・古賀精里らの昌平黌の儒官のほかに山上定保・大田南畝その他が当たった。その結果、享和元年(一八〇一)に全五十冊からなる『官刻孝義録』が刊行された。採録された人員は八、六一四名で、国別に配列されている。内容は、孝行者・忠義者・貞節者・兄弟睦者・家内睦者・一族睦者・風俗宜者・潔白者・奇特者・農業出精者に分類されている。その内で、善行の顕著と思われる者については、その内容を具体的に伝文として記載された。その後の編集は、文化年間(一八〇四~一八一八)にも企図され、嘉永元年(一八四八)には整理を完了したが刊行されることなく、『続編孝義録料』として内閣文庫に存する(『国史大事典』)。

諸藩に於いても、これにならって「旌表」が相次いで行なわれた。天明三年(一七八三)、楓軒は若干二十歳にして史館勤務となり、青山延于が『文苑遺談続集』の中で「刻苦読書、精力

立原音吉墓

人に絶す。……その彊敏《きょうびん》ぶりは実に後進の及ばざるところなり」と評したほどに学問に精励した。楓軒は更に、寛政二年（一七九〇）には六代藩主治保（文公）の侍読となり、初代頼房（威公）・二代光圀（義公）の年譜（「水戸威義二公年譜採余」もある）を撰して呈上するとともに、しばしば国史を講義してその信頼を厚くした。後に、治保の逸事を纏《まと》めた『徳潤遺事』（小納戸役鈴木重宣著）の補追を残した。その中に、孝子の立原音吉についての項がある。即ち、寛政三年（一七九一）、治保が太田馬場の別館に岩手村（常陸太田市）の孝子音吉を呼んで報償し、画工に肖像を描かせ、藩主自ら「共養不怠、出于其類。誠敬事親孝子不匱（共養怠らざればその類を出だす。誠に親に敬事す、孝子匱《とぼし》からず。）」との賛を付し、侍読・彰考館編修鈴木重宣にその伝記を書かせた。音吉の伝記は既に二年前の寛政元年に天下野《けがの》（常陸太田市）の木村謙次が「孝子立原音吉伝」を記していて、治保はそれによって音吉を招いたのであった。文公治保から「音吉伝」を見せられ読んだ楓軒は、感激して「書孝子音吉伝後」を記した。その中で、

伏して其の辞を読み、其の言を退思するに、感喜交々至る。夫れ君は民の父母なり。父母の子を思ふこと此の如くこれを為せば、子たる者、其れこれ（父母）に報ゆる所以《ゆえん》を思はざ

るや。今にして後、一邦の父老相語りて云はん、「吾が子弟何《いずくん》ぞ孝子音吉に如かざらんや」と。その子弟また戒めて云はん、「吾が輩何ぞ孝子音吉を知らざらんや」と。父子、昆弟（兄弟）、交々《こもごも》相勉励すること此の如くならしめば、則ち風俗の一変、其れ庶幾《こいねがわんか》。「孝子匱《とぼし》からず」は公の錫類《しゃくるい》する所以《ゆえん》のもの、豈《あ》に浅尠《（ママ）》ならんや（原漢文）。（「錫類」は子孫に善良なものを与えること。吉澤義一氏提供「旌表録」）

と記して音吉とそれを表彰し、孝子の百出を期待した藩主治保の徳を称えた。寛政三年（一七九一）二月十九日のことである。

他に楓軒が記録したものとしては、後台村（那珂市）の善十・与十兄弟、玉造浜村（行方市）孝子弥作、中河内村（水戸市）海老沢幾衛門、下手綱村（高萩市）善左衛門、故代官手代伊衛門の妻などがあり、その他数点と肖像を描いたものもある。藩主治保はこれらをまとめて冊子とし、「旌表録」と名付けて座右に置き、治世の指標としたのであった。

(6) 郷校《ごうこう》の設置

楓軒は、農村の復興には領民の教育が重要であることを痛感していた。この頃、農村には天災飢饉などの自然災害や農民の怠惰などにより荒廃が進んでいた。特に楓軒の支配下にあった南郡の疲弊は甚だしかった。領民も病には苦しんだ。これらの苦悩を少しでも軽くするために は、先ず医師を増やすことが必須と捉《とら》えた。その医師には、治療の他に生活改善の指導をも求めた。病に罹《かか》らないような日頃の生活を徹底させようとした。そのために、医師を養成する学校を設立したのである。これは、当時の郷医本間玄琢《げんたく》の求めたところでもあった。

① 小川稽医館《けいいかん》

文化元年（一八〇四）七月、五十歳の本間玄琢が藩庁に請いて医学館の建設を実現させた。

稽医館では毎月二回の集会があり、文化六年（一八〇九）の治紀《はるとし》（武公）が帰国、南巡村した折りに館に立ち寄り、医生に御前講釈を命じかつ慰労している。

文化七年（一八一〇）四月、稽医館医生等が与沢村の小仁所左衛門から図書「金匱要略編注《きんきようりゃくへんちゅう》」十冊、「医事説約」一冊、「医原」二冊の寄贈を受けた。郡奉行楓軒はその受領書に「右は医家必要の書、之を稽医館文庫に納む。方今、僕等は庁命を奉じて医書を講究す。蓋《けだ》し、医の道たるや生命の係はる所、豈《あに》容易に読過すべけんや。今此の書を得て、講習討論の益、何ぞ幸之《これ》に加へん。当《まさ》に請ふて庁簿に録し、以て不朽に伝ふべし。謹んで状す。」と自署して感謝の意を表している。

また、稽医館としてはこの年に「四書白文」三本、「傷寒舌鑑」三本の寄贈を受けたほか、文化二年十二月に「本草綱目」、文化四年に「和名類従抄」五冊、「宣名論」五冊、「輟耕録《てつこうろく》」七冊も受けていた（『小川町史』）。

② 延方《のぶかた》郷校

潮来の好学者であった井村松亭が、学友で江戸で開塾していた加賀藩の浪人沢田平格を招き、延方内田山麓で講義を始めたのがその最初である。沢田の熱心な指導により、（沢田）塾が徐々に隆盛していく姿を見た紅葉郡奉行小宮山昌秀は、延方村、辻村、大洲新田などの村役人等と協議し、教育の根本となる孔子を祀る聖堂の建設を進めた。後に仮聖堂と呼ばれる最初の聖堂建設に関しては、「文化五庚辰（戊辰の誤）夏四月土木功成、紅葉郡宰小宮山昌秀、同郡庁鑑事飯村太左衛門、同営築幹事竹内勘兵衛、郷校学士沢田茂作弘道（平格）謹誌」の棟札がある（茨城県立歴史館所蔵）。これによって、聖堂は文化五年（一八〇八）中には完成していたと思われる。これ以降、館の性格は半官半民になり、名称も延方学校、聖堂学校、延方講釈所とも呼ばれた。このいわゆる仮聖堂は、現在は移転されて市内の恵雲寺七面堂となっている。

また、文政二年（一八一九）九月に水戸藩主（八代斉脩《なりのぶ》）から直筆の碑文「孔子神位」を下賜されたことから、藩庁と協議して新たに大聖堂を建設することになった。これについても次のような棟札が残っている。「文政三年庚辰九月延方郷黌《ごうこう》之聖廟《せいびょう》土木功成る。其の政化を闡揚《せんよう》し、民

旧延方郷校大聖堂（現二十三夜尊堂）

俗を勧諭するに於いて、嗚呼《ああ》至れるかな。庶《こいねがわく》は世々これをして斁《す》つるなからしめん」（茨城県立歴史館所蔵）。これによって、上棟が文政三年九月に成り、この延方郷校が永く教育の場として存続発展することが期待された。この大聖堂の建設に参画した村役人は先の二村から潮来村、牛堀村、清水村が加わってより広範囲になっていて、郷校教育の発展・充実化がより一層期待されていたことを知ることができる。この大陸式唐様の孔子聖堂の鴟尾《しび》（シャチ鉾）は外向きに附けられている（国内では殆どが内向きである）。屋根下部には二段の放射状丸木垂木組みの特色を持つ。明治維新後の学校制度開始により不要となったが、明治十一年（一八七八）辻村の人々が買い取り二十三夜尊の本堂として移築され現在に至っている。

また、小宮山楓軒と親好のあった下総国津ノ宮（香取市）の著名な学者久保木竹窓（蟠龍）が「郷村講師」として招かれている。水戸藩から委嘱され、月に二度の出張教授がなされた。教師の平田平格は学校内に起居し、学徳を慕った子弟は近隣の村々から集い、その数はおよそ六十人前後となった。教育内容は、はじめは手紙文の「往来物」や日常の道徳を説く「実語教」などを学び、次に論語や孟子・大学・中庸などの四書五経、さらには専門別や初歩的な漢方医学なども学んだ。学習の間には田畑を耕し、収穫物は販売して書籍の購入などに当てたといわれている。

楓軒は、これらの稽医館や延方学校の拡充整備に努め、領内巡視の折には必ず立ち寄ってその状況を視察し、師弟を督励したのである。これら二つの庶民教育の学校は、後の天保期に設立される湊の敬業館《けいぎょうかん》、太田の益習館《えきしゅうかん》、多賀大久保の暇修館《かしゅうかん》、および嘉永期の野口の時雍館《じようかん》建設の魁《さきがけ》となったのであり、その建設の意義は大きいものがある。

4 陣屋焼失と郡奉行退任

文化四年（一八〇七）三月十三日、大風の日に発生した火災は、「わが住居留村（日立市）ナトハ、十二、三里（約五〇キロ）モ隔ルナレトモ、一面ニ黒雲掩《おお》ヒシニ、諸人モ何事ヤラント怪シミヲトロキアヒケル也」と大内正敬が「精慎録」に記しているように、南郡の上合、紅葉、古新田、小幡、鳥羽田、城の内、海老沢、飯岡、前原の各村々に火は及び、上合村で女一人、紅葉村で男一人、小幡村で男女各一人の計四人もの焼死者を出し、家屋二百余戸を焼失し、山林もまた百五拾町歩を焼いた。楓軒の長年の著述類も陣屋と共に灰となった。

楓軒はこの時、「これ、其の人を試みて神の冥助を玉はるなれば、此の節力を失ふべからず、却て一段出精してこの難にあへる民を救ひ、格別の恵を施すべし」と手代近郷の役人を呼び寄せ、硯《すずり》も無いので有るところの矢立をもって懐紙に廻文を認め、「家を造りてわたすべし。農具も拵《こしら》えわたす間、各々きっと出精して直ちに苗代とり始むべし。必ず力を失ふまじ」と激励し、更に「御林の中にて、松木大小四十五本づつ百姓一人にとらせたり。百姓二十五本を残して家材とし、残る二十本を売りて金とせるに千両にあまれり。御林は二千両余に売りたりしなり」と、材木を与えて四月中旬までには大抵家造を終えてしまった。

この火災後、郡庁陣屋を普請するに際し、水戸藩より「紅葉ハ僻陬《へきすう》ノ小村ナレハ、是ヲ幸ニ小川ニ移シ治所ヲ立テテハイカカアルヘキ」との内諭があったが、小給の手代共は都会では生活しにくく、民も見侮り下知をも用いず、手代共も無理な賄賂をとるようになるよりは、この地にあって「小民ニ敬《うやまわ》レテ身ノ程ヲ見スカサレザル、コレ政ノ一術ナリ」また「官府ヲ小川へ移スコトハ一旦ノ便利ナレトモ、長久ノ策ニアラズ」として、近くの大椽氏の族持地四郎ノ故地に新築し、新たな町造りをなした。

これら一連の楓軒の行動を評して、大内玉江は、「精慎録」中で、

カカル非常ノ変難ニ遭ヒ、少シモ心ヲ変スルコトナク、人ヲ励マシ、身ヲ慎ミ、又大業ヲ始メケル先生ノ志シ、常ニ英雄豪傑ナト口ニ出シテハ言ハサレトモ、其沈勇剛毅ニシテ物ニ屈セサルコトハ、是等ヲ以テモ知ヘキナリ。

と称賛しているが、けだし当を得たものであろう。

このように、「民政家」として最も効を挙げた楓軒であったが、他の郡奉行と共に文政三年（一八二〇）六月十九日、突然郡奉行を免ぜられ御留守居役に任ぜられた。この郡奉行の一斉交替の背景には、藩主斉脩《なりのぶ》（哀公）が性来虚弱で優柔不断なところがあり、政務に精励することもなく風流文墨に耽っていたことから、江戸の執政榊原照昌や水戸の執政赤林重興らが権をほしいままにし、大久保今助らを採用して献金郷士を登用し、いわゆる金権政治となったことを批判したこともあるといわれている。

楓軒は陣屋を去るにあたり和歌を詠んだ。

静観《せいかんす》天《てん》地《ち》氤氳中《いんうんのなか》　萬物生生造化工《ばんぶつせいせいぞうかたくみなり》
二十年来作何事《にじゅうねんらいなにごとをかなす》、　庭前養得一株楓《ていぜんやしないえたりいっしゅのふう》

その中で、二十年来民政に心胆を砕いたことは云わずに、「天地の恵みのお蔭」と謙虚に回

顧するところは、楓軒の性そのものの表われととってよかろう。（紅葉陣屋跡には、昭和十七年（一九四二）小宮山楓軒顕彰会によってに顕彰碑が建立され、この詩が刻されている。）

しかし、村民の驚きは大きく、配下七十余村の老若男女多数が押しかけ、別れを惜しまんとしたため、その出立の日を内密にして発駕したが、紅葉より海老沢河岸までの二里余の道は、出立を聞きつけて徐々に集まり来《きた》った者たちで埋まった。城下に入った後も、楓軒宅の普請のためにと、「名前ヲ隠シ、暗夜ニマキレ、縄・竹ノ類・用具共ヲ普請ノ場ニ人知レズ運ビ置テ、先生ノ恩ニ報セシモノ数多アリ」と「精慎録」は感慨を込めて伝えている。

四　留守居物頭《るすいものがしら》・町奉行《まちぶぎょう》・側用人時代《そばようにんじだい》

1　藩主斉昭《なりあき》実現に奔走

文政初期の賄賂等金権政治を批判した楓軒は、哀公斉脩《なりのぶ》が薨《こう》じた後に将軍家斉《いえなり》の第二十子清水恒之丞《つねのじょう》を水戸家へ迎えようとする門閥派の動きに対し、

今の世に当り申し候ては、害に相成べく候者の第一と申し候は、賄賂行われ候より大なるはこれ無きや、（中略）、其の習い常と成り候ては、君を遺《わす》れ身を忘れ不忠不義其の害至らずと言う事なく罷り成り候。此の度、威公の血胤を絶え奉らむと謀り申し候者ご坐候風説これ有り候と至りしも、皆此の利心より出で申し候事にご坐候。（中略）榊原淡路守、赤林八郎左衛門罷《まか》り有り候内は、如何様に尊慮を苦しめ遊ばされ候とも、此の幣相止み候事は決してこれ有る間敷と存じたてまつり候。只今の役人共、皆其の党に御坐候。（読み下し。

徳川斉昭銅像（弘道館前）

「楓軒先生密策上」）と、その本質を突いて人心一新を訴えた。これは、斉脩の実弟敬三郎斉昭を擁立するために江戸藩邸へ上《のぼ》り訴えるなど奔走した山野辺義観、藤田東湖、杉山復堂ら藤田派を中心とするいはゆる「南上組」の主張するところと同じである。また、この「南上組」に友部好正、立原杏所らの立原派が加わっていたことは、先の幽谷と翠軒・楓軒の離反から起った両派の対立を超えての行動であった。

英邁の聞こえが高かった斉昭が藩主に就任したことにより、皆々勇み立ち文武芸能などもすでに引き立ち、斉昭の激励があって早くも徳風になびく様子が見える。斉昭も次々と改革に走り出した。これに対して楓軒は、このことは結構なことであるが、「才気に任せて、ちとはやり過ぎではないか」と藩主斉昭の先々に懸念を抱いている。そのために、「善き人御見出し、姦党に御入かへ、御側向きへも同様正実誠直なる人を御撰び、御顧問に御備へ遊ばされ候」として、山口頼母や友部好正ら中間派の登用を勧めている。

さらにまた楓軒は、「是迄、駒込にて御不自由遊ばされ候義ヲ御忘れ遊ばされず候て、其のまま無用の費を御省き遊ばされ、常例に拘わらず御下知も御坐候ハバ、入用大ニ減し、遠からず御立直りに相成るべくかと存候。只、一両年の間の御苦しミと奉存候」と述べて、功を急がず、辛抱強く改革に努めることが大切であると注意を促している。この姿勢が、後に斉昭の改革に邁進する姿勢と合わなくなり、斉昭の勘気を受けることになる。

2 藩主斉昭の初帰国

(1) 出迎え

天保四年(一八三三)三月五日、斉昭は初めて水戸へ帰国就藩した。これを、町奉行として迎えた楓軒の感想およびその対応は「天保就藩記」に詳細に記録されている。その中から抄出してみる。

この日、斉昭一行は水戸街道を城下へと進む。台町・吉田神社・藤柄町から銷魂橋《たまげばし》を渡って七軒町へ入る。この銷魂橋は備前堀に架かる。江戸へ向かう際にはここで城下と別れるので、魂が消え去る程の悲しみを覚えたというところから名付けられた。午前七時、楓軒は、槍持ちと草履《ぞうり》取りの供二人を連れて七軒町額田屋五衛門方で休んだ後、荒神町火ノ見下通りに控えた。与力後藤源三郎・同心中根久蔵ら主だった役人たちと町人ら二百人余も、通りの東側に並んで控えた。お付きの上使が見聞に来たのに対し、「町奉行楓軒共なり」と挨拶して万全を期する。十時過ぎの通御の際には、一同平伏して迎えた。この時、「例の通り御意有り候」とある。その行列を見送り、再び五衛門方で休息した後、登城して藩主斉昭に帰国の御祝儀を申し上げた。

銷魂橋

この時斉昭は、初の御目見えとなった楓軒に対し、「追々、そち（楓軒）の上書を見ているが町方衰微には困っている。郡方と対策協議が不具合のようであるが、町方・郡方とは自分の左右の手である。互いに協力し合って職務遂行に当たって欲しい」との注文があった。これに対し楓軒は、「町方・郡方と少しも隔意はないが、それぞれ職務に張り込み過ぎがあって時に行き違いもある。しかし、双方一致協力が無くてはならないことはよく承知している」旨答え、着城早々のお尋ねの尊慮を「有り難き幸せであった」と記している。そのほかに「湯屋共男女入り交じり風儀相障ること」が問題となった。ここには、改革は日常の風儀を正すことから始めようとする斉昭の決意が表れている。

(2) 藩主斉昭への期待

このような斉昭に対して、楓軒は次のような期待と懸念を持っていたことが分かる。即ち、斉昭公の英邁さは水戸の地においても追々話が伝わっており、皆々勇みだって、文武芸能の者たちも相励み合って、公の指導力発揮に期待している。自分も、領民たちは斉昭公の徳風に早々になびいていくであろう姿に感服している。ただ、清水家入婿を企てた反対派は恐懼《きょうく》している様子が見えると。ここから、今後の両派の対立を懸念している様子も見える。

また、「憂い過ぎとは思うが」として、とかく秀逸なる才気に任せてちと改革を急ぎ過ぎているのではないか、藩主就任後の初政が大切であるので、兄哀公の忌み中は先ず引き締め置き、静かに過ごしてはどうかと江戸参政鵜殿廣生に書き送っている〔文政十二年(一八二九)十一月十七日、「楓軒先生密策上」〕

更に楓軒は次のように献言した。「告志篇《こくしへん》」を拝見して、皆々感服している様子に見えるこ

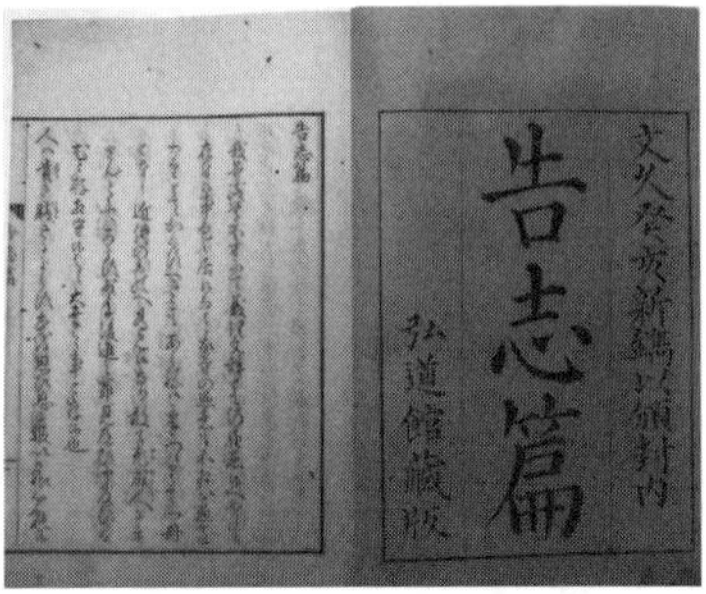

『告志篇』（常磐神社義烈館蔵）

とは大変うれしいことである。この上は、この書の理念と実際の藩政が一致するように是非共願いたいものである。この書の中で、役人は精勤しているようではあるが、真実にその職に身を入れている者は多くない、力を尽くして仕損ずるよりは、手を出さずして落ち度無きようにと心がけている弊風無きにしもあらずとされた観察は実に恐れ入ったことである。「政治は簡要を貴ぶ」という。この上は、よくよく考課して人材登用にご尽力願いたいと。

(3) 斉昭の瑞龍山《ずいりゅうさん》墓参《ぼさん》

天保四年（一八三三）の水戸帰国について、町奉行であった楓軒は遺漏の無いようにと文公・武公の時の前例を調査しながらその準備に余念がなかった。一例を挙げると、藩主帰国の際の最大の儀礼となる瑞龍山水戸徳川家墓所参拝の径路については、次のような文化年間に帰国した際のコースを参考に示している。

那珂川青柳渡しから菅谷村（庄屋横須賀家勘兵衛）で小休止、それより向山浄鑑院常福寺（徳川光圀建立、武田信吉・水戸徳川家位牌所)を参詣、その後額田村庄屋鈴木市十郎宅(光圀の養女万姫の嫁ぎ先)で昼食、午後は久慈川を渡って瑞龍墓所へ参詣、その夜は太田村浄光寺(佐竹貞義建立、時宗中興の祖呑海上人開山)へ止宿。翌日は西山荘旧跡(光圀の隠居所)、太田蓮花寺(日蓮宗、久昌寺末寺格)、稲木久昌寺(日蓮宗、光圀の生母谷久子の菩提所)参詣、帰途は田彦村庄屋与兵衛宅で小休止、その後那珂川枝川渡しから帰城。

3 町役所の改革

「楓軒年録四五」の天保七年(一八三六)の条に、「文政十三年(一八三〇)閏三月二十九日、河方作左衛門の後任として町奉行に任ぜられ、与力・同心が付けられた」とある。「楓軒先生密策」(下)には楓軒が町奉行となったことに対し「必ず善政をなして下さるだろうと思っていたのに、今までに何らなすところなく失望した」との声もあった。それに対して楓軒は、自分としては職務の遂行に全力を傾けたが、十分でなかったところのある責めは逃れることはできない。しかしながら、些細《ささい》なことではあるが改革できたこととして以下のように上げている(主なものを抽出)。

① 与力宅へ町人たちが出入りし、そこで諸願等を聞くことがあることから賄賂も生まれる。親類の外は出入りを禁じ、諸願等は役所で聞くようにしたこと。
② 寛政年間からの手元御用留がない。町奉行所の御用留を整理すること。与力の御用留も同様にしなければならない。「隠密御用留」もこれまで無い。これもきちんと記載し、評定所へ備えるようにしたこと。
③ 稗を買い上げ、凶作の年に備えることとしたこと。
④ 孝行・貞節の御褒美の申し渡しは、与力でなく町奉行自身が当たるようにしたこと。
⑤ 祭礼の際、昼休みに町年寄の命令で昼食・菓子・酒肴などを差し出させたが、今後は豆腐・汁・香物の食事とし、他は一切差し止めるようにしたこと。
⑥ 湯屋の男女混浴を禁止したこと。
⑦ 商売は実意を以て取引し、品柄を吟味し、値段も適切安価にしたこと。
これらの改革事項から、当時の町人たちの生活ぶりを窺うことができる。

4　国家（藩）への忠誠――献策と実践――

楓軒は天保四年（一八三三）五月に町奉行に就任するが、その直前の元旦に「曽無一言議政跡、既空宗祖百年園、今朝有在依誰力、應是友情兼国恩、癸巳元旦所感楓軒生」（曾て一言の政跡を議する無く、既に宗祖百年の園を空しうす。今朝在る有るは誰の力に依る、應《まさ》に是れ友情と兼ねて国恩、癸巳は天保四年）と詠んだ（水戸市教育委員会発行『小宮山楓軒』）。

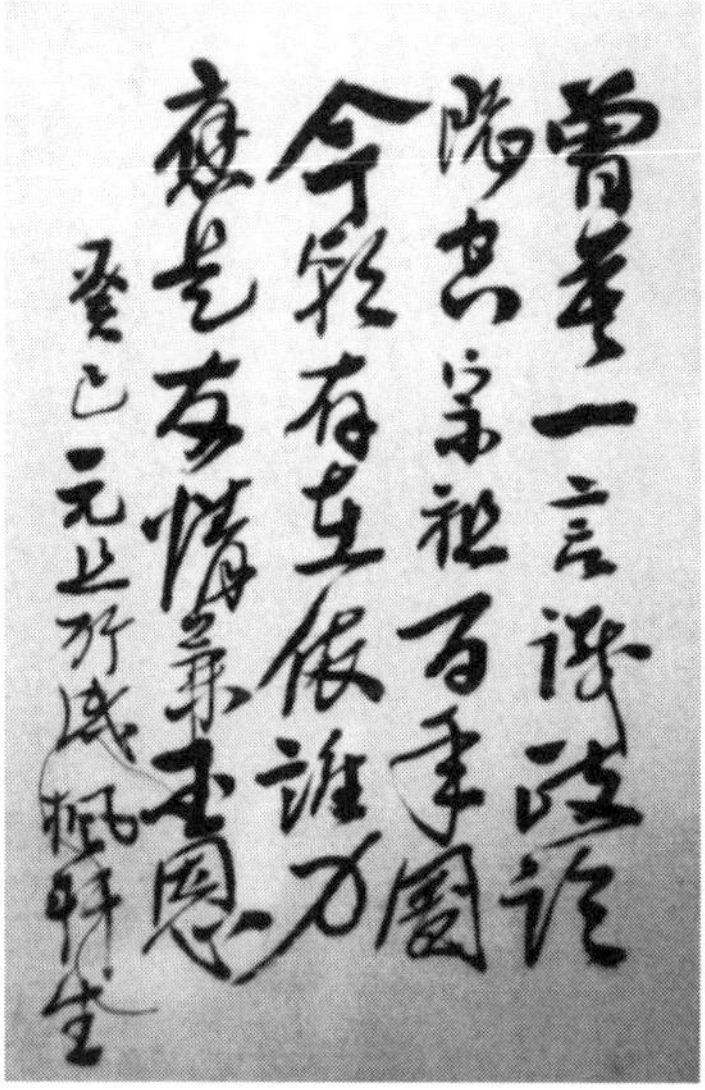

小宮山楓軒詩
（『小宮山楓軒』：水戸市教育委員会）

これまでの彰考館時代、郡奉行時代に尽力したことを誇ることなく、今日までの国恩と友情に感謝しながら謙虚に来し方を回想したものである。しかし、門人石川清秋は、「凡そ国家の大事ある毎に必ず建議す。その忠誠を知るべし。一生篤実方正、過失あることなし」（「精慎録」）とその生涯を断じた。

ここには、一学者、一郡宰として力を発揮したことはもちろん、常に藩政全体を視野において事に当たっていたことを称えている。

これに関して、ここで取り上げたことは、文化・文政・天保期にわたるもので、必ずしもこの章の時期に限られたものではないが、楓軒の「忠誠」が表れた代表的なものとして記しておく。

(1) 海防策《かいぼうさく》(「楓軒先生秘録一」)

小宮山楓軒の師である立原翠軒は、開国論者で経世家でもある本多利明との交流によって、経世家へとも変化していく。本多からは「蝦夷拾遺」を贈られ、また蝦夷を探検する近藤重蔵とも交流し、海防(国防)への認識を深めていく。楓軒もまた師翠軒と共に本多利明に接し、南領運河掘割などをはじめとする殖産興業の教示を得、同時に対外策にも関心を向けていく。楓軒は、かつて「元冠始末」を著わし、また「海防録」を著して早くからこの「海防」に留意するところがあり、重臣鵜殿廣生へ提出した「御用書附」の中で、

抑《そもそも》、北夷より我邦を窺《うかが》ひ候事、最早数十年ニ罷《まか》り成り、年一年と深く、漸々狼藉《ろうぜき》に及び候ニ至り、此年東海ニ近寄り鯨漁仕り候事、城隍《じょうこう》ニて魚を捕り候も同様ニ候へ共、何等の

御構えこれ無く候故に、此迄御門前同様之所ニて米穀其外奪取り候へ共、一人の抗拒《こうきょ》仕り候者もこれ無く候得は、日本の柔弱畏《おそ》るべからず候事ハ熟知仕るべく候。(読み下し)

と異国船対策の皆無を批判し、自らその対策を立てて対処しようとした。これは文化四年(一八〇七)八月のことであり、郡奉行在任中、しかも陣屋焼失直後と云ってもよい時期である。楓軒の気宇広大さを知ることができると云っても過言ではなかろう。

その対策の内容は、「先ず末より本を固めるべし」として、

其本とハ何を申し候となれバ、天下之人心一和仕《つかまつ》り候て、武士ハ申すに及ばず百姓町人ニ至る迄も、仮り初めにも、分寸之者(ママ)なりとも夷国へ奪われ候てハ相成らず候様ニ、篤《あつ》く存じ入り候様罷《まかり》成《な》り候事、其大体たるべく存じ奉り云々。(読み下し)

と述べて「人心の一和」を強調し、外国より寸分の地も奪い取られてはならない。則ち、身分を越えて日本人全てが攘夷の決心を固めることが重要であると決意を促した。その上で、

上様之御心は天下之御心に御坐候。宰相様之御心は水戸一国之御心に御坐候。此の御心に、是非夷蛮《いばん》之者共ニ毫《ごう》も恥しめを御受け候ては相成らず候。既に海上之狼藉《ろうぜき》御坐候上は、日本に望を懸け候ニ相違これ無き事と篤く思召めし候事、是れ第一たるべくと存じ奉り候。(読み下し)

と述べている。ここには、「外国勢は水戸藩のみでなく日本国全体をも視野に入れている」との覚悟を決めて、先ず藩政を正して「日本之恥辱」を防ぐべしとの強い決意が見られる。楓軒の思考、既に藩を超へ「日本全体」を念頭に置いていることは注目されるところである。以後に盛んになる水戸藩の攘夷論は、水戸藩を超えて日本国家全体の防衛を考えたところが天下の魁となった所以《ゆえん》でもある。

さらに楓軒は、異国船侵入への対策として、

（ア）武士を海岸へ土着常住させ、さらに農民・猟師たち民兵を配置する。

（イ）火術家（砲術家）を養成し、鉄砲・大砲を活用する。

（ウ）石神（東海村）などの海岸へ家老山野辺氏・鈴木氏らの重臣を土着させ海防に当てる。

（エ）緊急の通信策として蜂火《のろし》を高鈴山へ設置する。

（オ）幕府への返済金三万両を延期し、それを以て武備充実の費用とする。

と具体的に建議した。

これらの「民兵」「大砲」「山野辺氏土着」などは、後の天保期の改革に全て実現されているだけに、楓軒の現情への対処策の的確さ、及びその鋭い洞察力に驚かされる。

この後、文政七年（一八二四）五月二十八日の英国捕鯨船員の大津浜上陸に際しては、「是迄太

平打ち続き、武備怠り、今は此の一挙（英国捕鯨船上陸）によりて其の危事を思召《おぼしめ》され、武を張り、道を教へ、古の風俗に復し遊ばされ候ハヽ、天下は東照宮（家康公）の世に帰し、御国ハ威公（頼房）の時に御復し玉ふべし。是れ、再興の時を得た不幸、是に過ぐべからず候」と「禍いを転じて福となす」絶好の機会であると断じて、藩の現状を分析した上でそれへの対策を次のように献策している（「防海録」巻九の巻末には「大津浜夷人上陸図」が貼付されている）。

（ア）江戸入り運搬船への対応は幕府の事、水戸藩は海運でなく川船通用であるので心配は少ない。

（イ）敵に火砲あるといえども日本には天嶮《てんけん》・要害がある。近寄れば吾が火砲を打ち、船軍を繰り出して戦う。上陸されても敵は接戦に拙《つたな》く、一挙にして捕らえることができる。

（ウ）太平二百年、人々安逸に流れてきたとしても、これらを励まし教え導けば、譜代の浴恩の武士たちである。危機に対して水火を厭わず進んで奮戦するであろう。

水戸藩鋳造太極砲（常磐神社義烈館蔵）

（エ）執政・諸臣など重臣たちに人を得ないとはいうが、厳格な人物評価により人事を刷新することで各々の力を発揮させることができる。
（オ）人君の危機認識により、家臣の献言を容れることにより、活発な提言が期待できる。
（カ）人々窮したりといえども適切な対処により、「大船来る」の危機感を前提にすれば、人馬奔走するとも農事への影響は少なくなろう。

そして最後に、これら危機への対応の要は「恐れながら、人君の御心一に帰し申すべくと存じ奉り候」と、藩主斉脩の決意如何であると断じている。夷人の襲来は「御国再興の時至り、天下の藩屏《はんぺい》として無窮の御施しともならせらるべくと存じ奉り候」との熱い思いであるが、これはまさに藩主への強い要望・期待でもある。

このように、楓軒は藩主の譴責《けんせき》を恐れずに提言してはいるが、藩主斉脩に対しては、最後は次のような温かな助言ともなっている。

（ア）世の人の危機を申す事を忌み嫌ひ、何の苦労もなき様に申す者も多くいる。即ち、これは真剣に国家を憂えない者である。決して御油断なされるな。
（イ）この度の事によって、家臣の忠・不忠、その思いの浅深を久々によく見ることができた。

（ウ）　威公（頼房）様以来はじめて兵を出す事に当たって、万一落ち度があっては天下に対して申し訳がない。幾重にもご賢察あってほしい。

（エ）　たとえ、藩の対応が宜しかったと幕府から褒賞があっても、それにて満足することなく日々怠ることなく、万全を期す努力を重ねれば、御国の再興は疑いなしである。

(2)　松戸川（江戸川）川舟争闘一件　（「楓軒年録十、十一」）

文化五年（一八〇八）、仙台藩と彦根藩との手船同士の騒擾《そうじょう》事件《じけん》があった。竜ケ崎に仙台藩領があり、下野佐野に井伊家の飛び地があったことから、両家とも利根川水運を利用していたのである。この時、小石川の水戸藩邸から人数が出てこの一件を収めた。結果は、彦根藩の手船水主《かこ》や船頭等が処分を受けたのである。このため、井伊家の船方たちは常々水戸家に対し憤懣やるかたなく、不穏な空気が漂うようになっていった。両家の水主・船頭たちの間はもちろん、関宿・松戸の船宿・役人たちの間でも、さまざまな風聞も加わって緊張が高まっていった。

文化八年（一八一一）四月十八日、水戸家の船が江戸川筋松戸辺りを漕ぎ下る時に井伊家の船と遭遇した。井伊家の船主たちが、水戸家の船主に向かって「被《かぶ》り物を取れ」と言ったことから事は起こった。この時、水戸家の船主嘉七は素直に被っていた手拭いを脱いで無事に通り過ぎた。この頃、井伊家の船主たちには含むところ或いは事情があったのか、古河辺りにおいて武器を準備し、剣客・博徒らを語らい、水戸家の船の下るのを窺っているとの風聞があった。

六月、松戸の船宿では「水戸家の手船が通行したら、是非待ち合わせて華々しく打ち合い致す覚悟で国元を出てきた者がいた」などの風聞があり、これを聞きつけた船宿主谷田川六郎衛門が、郡奉行小宮山楓軒の紅葉陣屋まで十里余りの所をわざわざ告げに来た。この実否を船頭雇里衛門が確かめたところ、もっぱらの風聞であった。しかし、いずれ大喧嘩となるであろうとの雰囲気であった。

楓軒は、次のような対応策を江戸藩邸に上申した。
① 乗船を一隻に二人とし、手出しされないように防御態勢をとること。また、湊水主二十名、目付方下役三名を警備として派遣すること。
② 水戸家方も手荒な行動に出ないように厳命するから、井伊家方へも正常な通行を守るよう申し入れて欲しいこと。
水戸家においては、小従人目付檜山又五郎、御徒目付鈴木惣衛門、目付同心一人、押《おさえ》一人など総勢十七人が警備に当たることになった。当然、この事は幕府および井伊家へも届けられた。

水戸家においては、たとえ先方より切り込みがあったとしても、この方としては剣戟を用いず、棒をもって防ぐようにと船手頭より達しが出されていた。

　六月十九日、水戸家の船頭雇里衛門らの船十隻が関宿を発し、一番船が新宿新田中野村辺（流山市）に到った頃、折悪しく向かい風が激しく吹き来たり、船々が離れ、二番船のみが先へ乗り過ぎた。この時、井伊家の船六隻が上り来た。その内五隻は通り過ぎたが、一隻は水戸家の一番船に衝《つ》き当たるかと見えた時に、白襷《しろたすき》に赤頭巾を被った者四人が白刃を振って切り込んできた。水戸家の水主は竿《さお》をもって防いだが竿を切られ、水中に飛び込んで逃れた者や行方不明となった者が出た。白刃を振るった四人は水戸家の船に乗り込み、船に斬りつけなどして引き返した。三番船は井伊家の船に漕ぎ迫り、勝負を決しようと声々に叫んだ。この勢いに驚いた井伊家の船主たちは、水中に飛び込みあるいは柳の枝につかまって上陸した。水戸家の水主たちも上陸して雌雄を決しようとしたが、陸上にて戦ったならば非を負わせられることもあろうかと恨みを飲んで思いとどまったのであった。

松戸川（流山市）

　この事件の対応・その後の警戒に当たって、水戸家からは目付《めつけ》山田伝左衛門、先手物頭《さきてものがしら》遠山織部・酒泉彦太夫、先手同心《さきてどうしん》五十人、徒目付《かちめつけ》二人、同心方下役等都合一四三人も出動し、先詰《さきづめ》の小従人目付檜山又五郎、徒目付鈴木惣衛門らとともに中野村宿内に滞留・警戒することとなった。

一方、井伊家方からも勘定奉行一人、留守居添役一人、踏掛一人、船改役二人等百人余りが出動した上、かねて関係もあった仙台伊達家からも徒目付一人、下役二人等二十四人余りが出動して互いに警戒に当たった。

この事件により、十九日の夜中は商船など丸々通航差し止めとなり、数百隻が滞り、さらに仙台・田安・土浦・遠藤各家の手船も繋留して大混雑を来した。この一報が紅葉陣屋の楓軒の元へ届いたのは二十一日の「急用書状」によってであった（先の船頭等による風聞告げと比べると、この遅れは不可解である）。

このような厳重な警戒の中での六月二十二日深夜、水戸藩の先手同心の船に対して井伊家の船より四人程の夜討ちがあり、同心二人が軽傷を負った。しかし、下手人は逃走、あるいは飛び込み水死したとのことであった。また、この時廻米三千俵余が船六艘に積まれていたが、警戒のためとして笠も掛けられず、雨に打たれていた。楓軒は「廻米を商船に積み替えて江戸へ送ること。運送がかなわなければ商船に積み替えて笠を掛けておくように」と小従人目付檜山又五郎に進言したが聞き入れられなかった。これを歎いた楓軒は、

（日常分）ノ御米腐リ等出来候テハ以テノ外、然ルベカラズ候。タトヒ真ノ戦場ナリトモ、兵粮腐リ仕リ候テハ相成ラズ、マシテ況《いわん》ヤ、カタキ者共喧嘩《けんか》仕リ候トテ、米ヘ笠ヲモカケ申サズ、其ノ侭指シ置キ候儀、如何有ルベキヤ。今少シ隙取リ候事ニモ御座候ハバ、御下知振リモ御座有ルベク候ヤ。心付キ申シ上ゲ候。

さらに、

実は、此の度の喧嘩は里衛門船ばかりに御座候間、外九艘は拘はり申さず振りにて、江戸入り仕り候ても然るべく候得共、只今にては左様にも罷り成り兼ね申し候間、御米の儀は宜しくご了見下さるべく候。（意訳）

と、廻米の保護の重要さを強く上申したのであった。これにより、当時は雨天が続いたことが分かるものの、それまでの警戒状況から考えて、楓軒が里衛門の船一艘の事件と割り切り捉えていることには疑念が残る。

その後七月二十七日、楓軒は水戸城下へ出かけ、江戸上りの許可を受けた。七月晦日に紅葉を出立し、八月二日江戸小石川の藩邸に入った。八月九日の記録には、

此度新宿新田ニ於テ、御船懸合之儀ニ付、恒口《（ママ）》者共、彼是浮説、他所向迄モ罷出《まかりいで》、申触候由相聞エ、然ル可カラザル事ニ候。此後、右体之儀無之様《これなきよう》、支配々々末々迄、屹度《きっと》申付ラ

ルベキコト。

とある。ここから、楓軒は此の騒擾が軽々に風聞として広がることに警戒感を示し、藩として血気にはやる者を押さえつつ、藩上層部として和解に配慮すべきである旨を訴えたことが分かる。

なお、この出府中、楓軒の四男小四郎(昌好)は、八月三日から疱瘡《ほうそう》にかかっていたが十四日には大方恢復した。ところが、疱瘡は次いで末娘の睦《むつ》に移った。これがなかなか恢復せず、二十四日夜になって遂に死去、未だ幼い三歳であった。遺骸は、紅葉村に近い楓軒の母が眠る薬王寺(茨城町)に埋葬された。楓軒は、飛脚の報によりこれを知ったが、帰郷ままならない身であった。

この松戸川川舟争闘事件の取り調べは、七月五日に幕府勘定奉行松平兵庫守の担当で始まった。事件の発端について、双方の主張は次のようであった。

◆水戸家水主等は、井伊家方から切り込まれたから。

◆井伊家水主等は、水戸家の船より薪を投げつけられたから。

しかし、勘定奉行の取り調べに偏頗《へんぱ》の処置があり、水戸家の水主等は捕縄をもって緊縛され、その苦痛に堪えず三人の内二人はやむなく薪を投げたと云ったが、一人はあくまで虚構のことであると言い張った。

この取り調べは長引き、文化十年(一八一三)にいたって船頭・水主らが江戸町奉行(永田備後守)所へ呼び出され、勘定奉行列座にて取り調べを受けた。この後、さらに両家の船頭・水主らはしばしば召喚の上訊問《じんもん》を受けたが、薪を投げ込んだ者は死去した水主一人ということになり、井伊家方にて切り込んだ者は二人ということに定まった。文化十年九月十三日、水戸家の水主二人と船頭一人は船乗り禁止となり、井伊家の水主一人は江戸払い、船頭二人は江戸十里四方追放の処分を受け、この事件はほぼ落着したのである。

なお、この件について「精慎録」には、「先君(武公)ことに御尊旨ありて、次郎衛門は実に国の忠臣なりと深き仰せもありけるとか」と記して楓軒の対応に対する藩主の褒賞に感歎している。また、船頭たちの忠義ぶりについても次のように記している。


御船頭ト云フモノハ軽キ身分ノ勤メタレドモ、其ノ時ノコトヲ語レバ涙ヲ流シ、声ヲ呑ミ、国家ノ大義・先生ノ勤苦、各身ハナキ者ト定メ、故郷ノ妻子へ永キ別レノ書状ヲ送リ、老親幼子ノ身ノ上ヲ頼ミ覚悟ヲ極メテ日ヲ待チケルナド、語リ終ハリテ去ルニ詞余レリ。

是ヲ以テ先生ノ江戸上着セラレシヲ聞キ、一同蘇生シタルガ如ク喜ビ合フコト限リナク、夜ハヒソカニ人目ヲ忍ビ、先生ノ宿所ヲ守護シ、出入リノ度ニハ遠目ニツキ、人知レヌ様ニ守リ為《な》シ、帰ニ《ママ》ノ時モ其ノ駕籠ヨリ三、四町ヒキサガリテ旅人ノ形ニ身ヲヤツシ、常ニ先生ニモ知ラレヌヤウニ付マトヒテ送リケルト、忠五衛門ナド云フ御船頭涙ヲ流シテ語リシナリ。

この他、天保三年(一八三二)八月に上州草津で起こった水戸藩士外岡龍三郎と旗本幕府勘定方役人山田寿之助との争論事件(外岡は斬殺された)でも、その解決に当たって奔走、情報を蒐集させて幕府の不公平な処置撤回に尽力している。

5 天保改革《てんぽうのかいかく》への対応

小宮山楓軒は、長年郡奉行として領民と接してきた経験から藩政改革のために積極的に種々献策した。そのことは、『楓軒先生秘策』や『楓軒先生密策』などによく見ることができる。

(1) 育子策

斉昭の施策の中でも、楓軒が最も悦んだところは、天保元年(一八三〇)十一月、斉昭が自ら郡方手代共に与えた「育子の親諭」であった。

この「育子」については、楓軒が同年二月に、

文公様御世話以前は、別紙御覧入れ奉り候通り、御領中出生高二、三千の間に御坐候所、文公此の悪俗を御歎き遊され候て、御在国中御筆を以て御論破遊ばされ候へば、九千迄ニ相成り候所、其の後年数を経候に従ひ又々減じ候所、老臣（楓軒）郡奉行の頃、再び御筆下し置かれ候に付、同役申合せ何卒尊慮相届き申したく精入候所、別紙の通り出生高六、七千に至り候事に御坐候（読み下し、「密策上」）。

と上書し、「殺児」の禁止を第一に達成すべきことを要望していたのである。

(2) 郡制の改革

これに対し、「郡制及び陣屋制の廃止」に関しては斉昭の方針と対立することとなった。天保元年（一八三〇）二月三日の執政鵜殿廣生宛斉昭書簡に、「旧四郡ニ復し、五御代官御立候風説これ有り候義、然るべからず候。先便ニ貴意を得候所、御答これ無く候。相届かず候や、心もとなく候」とあり、既に斉昭のもとでは郡制改革の方針が取り沙汰されていたものと思われる。

この陣屋制廃止については、紅葉組の秋葉村庄屋秋葉友衛門の言をして次のように反対している。

四郡ニ罷り成り候へバ、村方抔《など》ハ相つぶれ申すべく候。先四郡之時、諸御用之配符次ぎ候人歩、又た御用往来之人馬多く、小村人別少ク御坐候間、農業仕る隙《いとま》これ無く、又た役人共御城下出之指銭《さしせん》も過分相かかり候故、次第ニ衰へ申し候、(中略)、此度御払いの御立山《おんたてやま》跡植立て候も、御陣屋これ無く候ては相届かず、空原に仕置き候外これ無く候……育子抔も、御陣屋ニて手近に世話仕り候へば、格別相届き候事ニ御坐候(読み下し、「密策上」)。

しかし、楓軒は陣屋廃止には全くの反対ではなく、二、三年も過ぎて斉昭も就藩し、人心も落着いたならその得失をよく考究していくがよいとしている。ところが斉昭は、天保二年(一八三一)一月に七郡を四郡とし、郡奉行を吉成信貞・藤田東湖・川瀬教徳・石河幹忠の改革派で占め、郡庁を城下の田見小路に移して民政を一致せしめた。

その後天保二、三年と人事の争いがあった。これは、斉昭をして「兎角水戸ノ人情ハ善悪ともに強き事にて」と嘆じさせたように、いわゆる門閥派と改革派の勢力抗争でもあった。このことからか、天保五年(一八三四)正月に老中水野忠成《ただあきら》から、「水戸殿御領分一体人気宜しからず、近年別而御制禁を犯し候族等少なからず云々」として藩政立直しの戒告を受けたことが公表された。斉昭をはじめ改革派の受けた衝撃は大きかった。楓軒はこれに関し、

然るに後来、荻生惣衛門抔と申す人、一種之学風を唱へ、英才を教育仕り候と申すを主に

仕り候て、正心誠意など申す義は迂遠の様に申し成し候間、其の末流に至り候ては、行跡の嗜《たしな》み薄く、英雄豪傑と申すを以て自ら居り候て、日用の事を瑣細《ささい》と申し成し（中略）長上を凌《しの》ぎ強勢を好み候様に罷成り、少しの事にも党を成し強訴《ごうそ》の催《もよおし》も追々相聞へ、其の極る所乱を成し候哉《や》も計り難く存じ奉り候。人気宜しからずと申は、必ず此所より出で申すべくやと存じ奉り候（読み下し、「密策下」）。

と述べて、徂徠の学風を承けたとする幽谷の門人達の行動を非難している。

これら「高論家」と称し、「英雄豪傑の学風」と称して藤田派を批判していることからすれば、斉昭擁立には同調した楓軒も、かつての「幽谷との対立」を解消する方向へ向いたのではなく、幽谷同様積極的に建議し行動する藤田派とは相容れず、彼らを重用する斉昭の改革には積極的には賛同できなかったものと思われる。それは同時に、楓軒が保守的な門閥派に組みすることとなるのではあった。また天保四年（一八三三）、同七年の大風、冷害による凶作も、楓軒をして改革に慎重ならしめる結果ともなった。

(3) 検地

土地の経界を正しくし、課税の公平化を目的とする検地については、

検地絵図（叶野勝一氏蔵）

凶歉《きょうけん》疲《ひ》瘦《そう》の民を駈《くる》は、是れを御行ひ候はゞ人心大いニ動揺仕り候て、相治《あいおさま》り兼ね申すべくやと存じ奉り候。況んや御郡奉行、民(を)信じ候様にも相聞かず、中々以て御手を御下し遊ばされ候御時節には、恐れながらこれ有るまじく存じ奉り候。(中略)其後、民信服(し)候節ニ至り、村々申し合せ納得仕り候はゞ、段々経界をも御正し遊ばされ候はば、穏かに行はれ申すべくやと存じ奉り候(読み下し、「秘録四」)。

と述べて、領民の信頼を得てから実施すべきであると慎重な姿勢を見せている。

しかし、この検地は藩主斉昭によって決断され、天保十一年(一八四〇)七月二十日、城西の成沢村から開始された。

(4) 土着と学校建設

武士の鍛錬および出費軽減などの経済的理由からくる武士の城外への土着について楓軒は、

土着学校之儀、何れも有り難き尊慮に存じ奉る所、折り悪しく凶荒漸々相続き申し候砌《みぎり》には、人心定まらず候得バ甚だ難く、此の節、両様共一時ニ御取行ひ遊ばされ候はば、土着仕り候者は学校へ罷り出で候事は相成らずと申すべく候。学校へ出で候者ハ、土着ハ仕り兼ね候と申すべく候間、両様の中、先ツ一方ハ御見合せ遊ばされ候外これ有るまじくと存じ奉り候（読み下し、「秘録四」）。

水戸弘道館

とまったく消極的姿勢であり、飢饉・財政難の折でもあり、実施する場合でも土着・学校を一度にではなく一方ずつ実現させてはどうかとの考えであった。

しかしながら、天保二年（一八三一）三月には、通事へおよそ次のように学校・教育の必要性を強く迫っている。

この頃は荻生惣衛門などの出現以来、学問が浮薄になり御用に立ちにくく、古代淳厚の風を失ったことは気の毒である。義公が朱舜水先生を招かれたようにとはいかないまでも、良き学者を見出されて学問されることを望みたい。家臣たちは学校か史館の中で学問させ、淳厚善良な役人に仕立てること。郷中の取扱いは役人の善悪による。学校を建設して、おいおい善良な役人育て、百姓たちを安心させることを願いたい（「密策下」、意訳）。

この双方についての藩主斉昭の信念は固かった。土着については、天保七年（一八三六）一月十一日に先手同心頭安藤為由・平尾清行に海防詰めを命じ、多賀郡大沼・友部の両村に土着。五月七日には家老山野辺義観が海防総司として助川村に城砦を築いて土着。天保八年九月には松平頼位を長倉に土着させ西方の鎮めとするなど、「土着」を次々に実現していった。

さらに、学校についても、天保十二年（一八四一）八月一日には藩校弘道館の仮開館を迎えている。

(5) 天保の飢饉

「今は状況が悪い。人心を得ること、理解を得ることは難しい。改革は状況回復を待ってからにしてはどうか」との、藩主斉昭の政策に対する楓軒の姿勢を理解する一助として、天保期の水戸藩の状況を「楓軒年録」（四九）や「楓軒先生秘録五・六」などから抄出しておく。

① **天保八年**（「楓軒年録四十九」）

楓軒はこの年の元旦、病のために在家。二月十日には「歳歉《けん》（凶作）ナレバ世ノ中聞クモ苦シキコトノミ多ケレド、我思フママニモナラズ、老ノ身ノ病ヲ閑窓ノ下ニ養フモ、悩マシキコト猶甚シ」と凶作に悶々として解決策を見いだせないもどかしさの中にあった。

二月の項では、以下のように凶作による窮状を記している(意訳)。

(ア)秋葉村、お救いの稗、男は五合、女は二合半。食にては糟と共に用いても不足ゆえ、地しばりと云う草取り交え食すれども、村方には飢死に申すべきものこれなし。(秋葉友衛門)

(イ)戸村の百姓与衛門の倅《せがれ》亀次郎二十五歳、餓死仕る。

(ウ)小川村にて七カ村へ粥《かゆ》下さる。いただく者ども有り難いとは思わず。粥ゆるりと用いられず。あるいはこれにてとりつづき、他所参りせずに居られるべきや。又は早く終わればよきに、又日延べあるよし、難儀なりなどとそれぞれに悪口聞くも苦しきことなり。毎日六百人くらい下さる。この悪口のものどもは、皆盗みをもいたす不届者なり。

(エ)「楓軒先生秘録五」には天保八年十二月五日附けで、南郡において三、四十歳の者が行き倒れ、所の者が労《いたわ》り、粥など与えたがもはや相叶わず相果《あいは》てた。他所者であっても、領内で行き倒れ死者が出ることは堪えられない。

この状況が、何時城下に迫るとも限らない。飢えが多い上に、この寒気も凌《しの》ぎがたい。七軒町広小路辺りに仮小屋を造り、正月中は領内外を問わず飢人に稀粥《ゆるかゆ》を施して欲しい。毎日米一斗位に限れば、十日に一石、月に三石である。誠に少量ではあるが、殿の御徳が世間に広く聞こえるであろう。どうか熟慮の上早速実行していただきたい。

と提言している。

② **天保九年**〔「楓軒先生秘録六」二月十六日〕

春の耕作始めの時期となったが、南郡の者の話では、延方《のぶかた》村の粥《かゆ》炊き出しに千四百人程が出て恩恵にあずかっている。しかし、粥は男七合、女が五合であるが、実態は米稗取り合わせて一合故《ゆえ》に、一度の飯にも足りない。粥だけでは力が出ず、鍬立て（耕作始め）もままならない。この分では、仕付けも出来ないことになろう。その外の村々では粥出が無く、カミキリバと申す青木の葉を取り、小麦粉に混ぜて食している程である。ただ、延方村から他領へ出て乞食する者はいないが、領内にはいる。その中には、綿入れ二枚着用する者、かんざしを挿《さ》す女もいる。兎角《とかく》、「貰《もら》わずでは損」という恥知らずの風潮もある。この風俗を正す事も肝要である。北郡の者の話では、稗五合にて鍬立て出来ないことは南郡と同様であるが、乞食に出るものは皆無である（意訳）。

このような飢饉に悩む藩の実情からも、改革は必須であった。

(6) 藩主斉昭と藤田東湖

しかし、前年の天保七年（一八三六）には側用人にまで登用されながらも、拙速な改革は混乱をもたらすだけであると逡巡する楓軒、この姿勢を「姑息《こそく》にて有為の念なし」と嘆いた斉昭に対し、藤田東湖は天保八年（一八三七）の「丁酉日録」七月二十七日の条で「小宮山は一国の老成にて人望の帰する所なり。其の学術・人物議すべきものなきにあらずといへども、江（戸）水（戸）執政の信用する所なり。されば、これを疎んじ玉ひ執政らの望みを失ひ遊ばさるるよりは、少しく顔色をかし玉ひ、議論を尽させ玉ふも亦人君の御職なるべし」（読み下し）と諫言し、藩主としての度量を求めている。日頃は自分（東湖）を批難する楓軒に対して、楓軒の「人望の厚さ」を認める東湖のスケールの大きさは流石である。

藤田東湖（『東湖全集』）

堤它山は、楓軒の墓碑銘に「君、幼にして岐嶷《きぎょく》（非常に賢い）、史を読みて楠公の烈に感じ、躯を忘

れて国に殉ずるの志あり（原漢文）」と記している。楓軒が、自身と同じく楠公を崇拝していた幽谷やその門人達と離れ、天保の改革にも積極的に参加することなく、遂に姑息な人物と批難されながら藩政の中心から退いていくことは、水戸藩にとっても誠に残念なことであった。しかも「経界・土着・学校・物交代」をはじめ植林・育子・稗蔵など、楓軒の施策の殆どが天保の改革で実現されていることを思うと尚更のことである。

最も貧困な村々の郡宰として、村民の苦労を知り尽し、また天保四年・七年の凶作を目の当たりにしては、温厚篤実でしかも高齢となった楓軒には、これから「改革推進を」と意気込む斉昭を中心とした改革派の英雄豪傑的行動には、とてもついてゆけぬところがあったのであろうと思われる。

五　楓軒の晩年

1　隠居依願

彰考館での編纂事業、郡奉行としての慈愛の郡政、町奉行としての改革にと、楓軒は何事にも常に全力を投入していた。しかし、寄る年波には勝てず、体力が弱りつつあった。七十三歳となった天保七年(一八三六)三月十九日、十歳年下の妻稲垣香に先立たれたことは心身共に応えたようである。この年十月、側用人に任ぜられて江戸詰となったが、体力の消耗はかなり進んでいた。翌天保八年には、

二月、当酉(天保八年)七十四歳となり、次第に老衰、耳も遠くなり、少々のことにも疲労・退屈する。第一、足痛により歩行もままならず難儀している。余命の何程もないであろうから、加療しても恢復の見込みは少ないであろう。残念ながら、もはや勤務も出来かねる。

況んや、交代により江戸まで登ることは不可能である。ましてや、当役（側用人）を仰せつかってから間もないことでもある。恐れ多いことではあるが、莫大のご配慮・憐愍《れんびん》をもって、隠居仰せ付け願いたい（「楓軒年録四十九」、意訳）。

と隠居を願い出ている。しかし、この時は「二月二十九日、役儀間もないこと故、今少し務めるように」と慰留されて、やむなく引退を断念した。その後も健康の回復は難しく、五月十四日にはことのほか足痛が激しく、平磯村にて三日程潮湯治をしている。

そして楓軒は、翌天保九年（一八三八）十月二十日、家老戸田忠敞に再度隠居願いを提出した。これにより楓軒は隠居を許され、子息の壮次郎は家督を相続して二百石取りとなり大番組に所属した。楓軒には、永年の功績を以て隠居免として五人扶持が下された。これより以後、「楓軒」と号したのである。

隠居した楓軒ではあったが、「垂統大記」の編纂は引き続き求められ、その完成は天保十年九月二十四日であった。全部で八十五冊、高覧した斉昭は、大部の書籍と多年の辛労、その成功に感悦思し召し、褒賞として白銀一五枚を賜った（「楓軒先生秘録三」「水府系纂六十二」）。なお、この時楓軒は、校正・清書などに当たった編纂手伝人の功績も申し出ている。その結果、立原甚太郎に白銀五枚、石川儀兵衛・青山量太郎に白銀三枚、大内与一郎・川上与十郎に金五百疋、村田彌一郎・国友与五郎に金三百疋などの褒賞を得ている。楓軒の部下への思いやりが、ここにも表れている（「年録五十二」）。

2 藩主斉昭の訪問

(1)『水戸歴世譚《れきせいたん》』

天保十一年（一八四〇）二月四日、水戸へ帰国していた藩主斉昭は小宮山楓軒宅を訪問し、病に悩む楓軒を見舞った。「楓軒は満足に罷《まか》りあるや」と。倅《せがれ》の惣次郎（ママ）曰《いわ》く「父楓軒は不快にて、久しく取り臥《ふ》しおります」と申し上げると、烈公は直ちに居間に入られた。楓軒は起き上がり、平伏して迎えた。烈公は、楓軒に向かい「随分と保養すべし」との御意あり。（烈公は）城へ戻った後、側医添田利庵を召されて、「楓軒は余程難しき容体なり、ほかに仕方はあるまいか。利庵よくよく治療するように」と命じた。また、「あの病症には、粥などを食するのがよいのだ」といって品々を贈った。

(2) 村上量弘《かずひろ》の「水戸見聞録」

久留米藩から会沢正志斎の塾に留学していた村上量弘は、当時の藩内を訪ね歩き、藩情をよく観察している。楓軒についても、斉昭が家督相続以来君臣上下の情を通わせるため、親しく臣下の宅を不意に訪問する事などがあったとして、「小宮山次郎左衛門病気御訪成され候事」をあげて記している。

天保十一年(一八四〇)の春、楓軒の病気が悪化し危篤の節、斉昭自身が楓軒宅を訪問し「お膳を下し置かれ候」と記す。さらに楓軒について、「人才にて文公治保の御侍読《じとう》(師範)を致し」と侍読時代から紅葉組郡奉行を退任するまでの略歴を述べた後、「楓軒の平生は人倫に篤く、弟忠八郎が入江家へ養子に入っていたことから、毎日互いに安否を問う程兄弟の中が良好であった」とその細やかな人情を称えた。またさらに「役儀の暇、昼夜勧学、編輯《へんしゅう》の書六十余種、垂統大記七十二巻、東照宮以来三代の事跡を鈴木何某記録し徳潤遺事と号し候に、次郎左衛門も文公に仕へ奉るを以てその書を増補せり。家蔵の書万巻に及ぶ。死去の後、其子是を献上せしと也。」と、学問の上での功績も高く評価している。

3 楓軒の俤《おもかげ》

楓軒は天保十一年（一八四〇）三月二日死去、七十七歳であった。遺骸は水戸酒門郷の共有墓地に埋葬されている（墓碑「次郎衛門小宮山君」は写真右）。十一月には、姫路侍講江戸唐公愷の撰文、水戸家老藤田貞正書及題額の「小宮山楓軒墓碣銘幷序（写真左）」の碑が夫人の墓碑の隣りに建てられた。

ここでは、「精慎録」にある面影《おもかげ》を意訳して楓軒を偲ぶ縁《よすが》とする。なお、石川清秋、友部好生、入江正身らは楓軒と同じように郡奉行を務めている。

小宮山楓軒墓碣銘幷序碑

小宮山楓軒墓碑

(1) 門人石川儀兵衛清秋の回想〔弘化三年（一八四六）正月十一日〕

① 垂統大記《すいとうたいき》の編纂《へんさん》

先生が郡宰《ぐんさい》（郡奉行）に転じながら引用書一、二八〇余の群籍を書写し、校正を加えて編纂した「盈篋録《えいきょうろく》」五百巻があり、これは現在重宝の書である。郡宰としての郡政だけでも大変なことであるのに、日夜勤労して集積した公私の書籍類が百箱にも及んだ。しかるに、それらは文化四年（一八〇七）の野火によって全て焼失してしまった。しかし先生は、それより再び力を尽くし、勇猛の気暫《しば》しも油断なく、郡宰を辞めて水戸へ帰るころには、事蹟引用書および私蔵書とも二百篋《きょう》にもなった。老年にもなったが、千辛万苦して終に七十二巻として完成させ、藩主斉昭によって「垂統大記」と命名された書。その分量は「大日本史」にも匹敵し、「大日本史」の後編への用意ともされるものであった。翠軒先生亡き後、楓軒先生一人の力で成功したものである。

未だに「大日本史」の編纂終業の沙汰もなく、編纂事業は今後如何になるのであろうか。「列祖成蹟《れっそせいせき》」も安積澹泊《あさかたんぱく》先生老後の作で二十巻。（澹泊先生の）その功績は尋常ではないが、楓軒先生の老後の諸編集の労と比較して、その優劣は明らかであろう。余（清秋）もその手伝いをしたので、楓軒先生の労苦は能く承知している。郡宰としての功績は、先人望月五郎左衛門恒隆にも勝り、著述も恐らくは安積澹泊先生に勝るものであろう。
「垂統大記」について、これを幕府へ献上しようとの烈公(斉昭)の御意志はあるが、未だに実現していない。まことに遺憾なことである。しかし、今は彰考館で写本も二部作られて永く保存され、家康公の御聖徳も無窮に伝えられるであろう。楓軒先生は、郡宰の後に町奉行・御側用人となり、いずれも繁多な職掌の中で刻苦勉励してこの業を成し遂げられた。その強記豪邁は他藩にも稀なることであろう。教化は中江藤樹や伊藤仁斎に並び、吏務は小倉三省や熊沢蕃山に匹敵するであろう。

② 人となり

世の学者、大抵門戸を立て私説に誇れども、それを政事に施さずして経済の用を為さない。先生は、政事の才能と云い、著述の功績と云い、平生の言行と云い、他に勝っている。古人が碑文を作るのを見るに、徳余って文足らず、文余って徳不足の例が多い。先生楓軒の場合は、その実効・徳沢とも自分の筆にはとても及ばないものがある。

先生は酒を飲まず、肉も多食しない。食味は最も薄いものを好む。衣食住全て質素・古風を旨とするが、敢えて吝嗇《りんしょく》(単なる物惜しみのケチ)というのではない。世人の無益な出費を悪《にく》む故である。朝廷の大礼にも、金銀の飾りのない普段の二刀を差し、衣服も普段着である。歌舞伎や淫声《いんせい》を嫌い、一場の茶話にも俗風を導き諭し、人の教えになることを話したものである。このようであるから、先生の周りには俗人俗客は寄りつかない。先生が嫌うのではなく、彼等が憚《はばか》り畏《おそ》れてのことである。

しかし、先生は人に対しては至って温厚和平にて、多言という程ではない。また圭角（言語行為などに角がある）の様子は少しもないが、大議論に至っては曲直・邪正を弁別して論理明白であり、聞く者は皆感服しない者はない。

先祖の祭祀については、儒教の法にて行なう。少しも仏教を用いたことはない。墳墓の礼拝は、老いに至るまで怠ることはなかった。親戚朋友を見舞い、寒暑・年礼を欠いたことがなく、親切この上ないことであった。

書画古器の癖もなく、書風はまた見事で、尋常の書家の及ぶところではない。古文書類を好み、その所蔵は甚だ多い。

(2) 門人友部好正述

文化四年（一八〇七）の大火の後に、武公（治紀）のお召しで江戸へ登った折、同僚の伊藤造酒衛門友重が同行した。先生は破れ袴を買い求めさせ、それを着して出発した。江戸逗留中は諸藩の友人も多かったが、諸処へ行くにもその破れ袴のままで、少しも恥じるところがなかった。武公の御前に出る時も、何時もの破れ袴で出た。供の友重は盛装して従った。武公はしばしば友重の袴の美なるを熟視されるので、友重は慚愧《ざんき》・恐懼《きょうく》して御前に居たたまれない心地がしたとのこと。

(3) 実弟入江正身述

晩年病を得ていたころ、烈公斉昭が水戸へ帰国した際のこと。烈公は楓軒先生の宅にいたり、寝所に入って自ら脈をとられた。また側医の松延《まつのべ》某に診察させ、帰城後に添田利庵に食物を持たせて見舞い、さらに私(実弟の入江正身)を招いて薬を与え服用させて下さった。

(4) 紅葉郡方川上篤倫述

先生、火災に遭った後のこと。諸品一つも無いところ、第一に甲冑武具の善き売り物あると聞いては、自分で蓄えあるにもかかわらず、是は一つの用意なりと言って買い入れた。常に武のことは云わないけれども、その備えは更に欠くことなく、太刀・刀・弓矢・鉄砲丸薬等人知れず家蔵していた。

ある年、禽獣類による農作物の被害の沙汰があった時、先生自ら先頭に立って郡吏や猟師など数百人を率いて、芹沢原において猪鹿を追って耕作の害を除いた。武の駆け引き、小荷駄、飯料のことなどまで詳しく指図された。その平生の心がけと実践をよく見るべきである。

(5) 頌徳碑《しょうとくひ》の建立

昭和十四年(一九三九)春、楓軒の曾孫小宮山昌紀が紅葉の陣屋跡を訪ねた。これを機会に地元の巴村村長新堀昌を会長とする小宮山楓軒先生遺徳顕彰会が発足した。同じこの年、風戸元愛を会長とする水戸藩産業史研究会が発足した。両者の力相まって、楓軒の頌徳碑建立が推進され、昭和十七年七月五日に除幕式が挙行された。碑面の表の詩は、「楓軒年録」から楓軒自筆の文字をもって刻し、碑面裏の銘文は福地徳(茨城新聞社)の撰文と書になる。

小宮山楓軒頌徳碑(紅葉陣屋跡)

小宮山楓軒関係略年表

延享元(1744)	6／8立原翠軒水戸城下竹隈町に誕生。
宝暦元(1751)	8／16治保(文公)誕生。
宝暦13(1763)	立原翠軒、史館物書となる。
明和元(1764)	3／21小宮山楓軒水戸城下浮町に誕生。初名造酒之介、通称次郎衛門名は昌秀。
明和3(1766)	3／25治保(16歳)襲封(六代藩主文公)。水戸下町大火、楓軒ら大島村に避難。
安永3(1774)	2／18藤田幽谷水戸に誕生。
安永7(1778)	楓軒、立原翠軒の門に入る。
安永8(1779)	楓軒(16歳)「楓軒年録」始める(孫南梁もこれに触発され「年録」を始める)。
天明3(1783)	7／21小宮山昌徳歿(58歳)。9／2楓軒(20歳)家督を継ぐ。五人扶持、小普請組、史館勤務(音楽志分属)。天明の大飢饉(元年に大地震、2年に浅間山大噴火)。藤田幽谷(10歳)、立原翠軒門下生となる。
天明6(1786)	5／29楓軒(23歳)七人扶持・歩行士、史館勤務。6／19翠軒彰考館総裁となる。林子平「海国兵談」成る。立原翠軒、藤田幽谷(13歳)を白宅に引き取る。

天明8（1788）	老中松平定信「霊巌島吉祥院への所願成就必死の願文」、古川古松軒に遊歴の命。後台村（那珂市）善十・与十を藩主徳川治保が褒賞。藤田幽谷、史館小僧となる。
寛政元（1789）	楓軒（26歳）稲垣香と結婚。木村謙次「足民論」を藩主治保に提出。幕府、諸国に忠孝・貞節・善行者の書上報告命令→「孝義録」「旌表録」。
寛政2（1790）	1／28楓軒（27歳）小十人組となり、江戸に出て治保の侍読となる。高山彦九郎来水、翠軒・幽谷・木村謙次らに会う。11月楓軒、治保の帰国に随従。翠軒、この年『大日本史』の廃志を献言するも楓軒・幽谷等反対する。
寛政3（1791）	4／20楓軒（28歳）馬廻組、史館勤務如元。木村謙次、高野昌碩の書を読みロシアの進出に危機感（翠軒への嘆願書）。藤田幽谷、松平定信へ「正名論」提出。楓軒の長子造太郎誕生。
寛政4（1792）	9／3ロシア使節ラックスマン、大黒屋幸太夫を伴い根室へ来航。「垂統記事」。
寛政5（1793）	1月藩主治保、翠軒門人の木村謙次・武石民蔵らを蝦夷地へ派遣（「北行日録」）。水戸藩財政難のため半知借上、献金郷士制始める。
寛政7（1795）	2／16楓軒（32歳）、立原翠軒・藤田幽谷らと関西への旅に水戸を発つ。木曾の小宮村で先祖の事蹟を尋ねる。帰途富士山へ登り、7／22江戸帰着（「西遊記」）。
寛政8（1796）	1／29楓軒の弟昌富、入江忠八郎正敏の養子となる（入江忠八郎正身）。12／25藤田幽谷、屋敷を梅香に賜り、下谷から移る。
寛政9（1797）	藤田幽谷、文公の失政を責める封事呈上、不敬により免職となり水戸へ帰る。立原翠軒との溝を生じる。幽谷「修史始末」を著す。

寛政10（1798）	楓軒（35歳）江戸へ登り6／20水戸帰着。7／16彰考館総裁代役を命ぜられる。4／15幕府、近藤重蔵・最上徳内・村上島之允・木村謙次らを蝦夷地へ派遣。7／28近藤重蔵ら「大日本恵土呂府」（木村謙次＝変名下野源助筆）標柱建立。
寛政11（1799）	5／7楓軒（36歳）格式近習番。11／29郡奉行となる。12／6義公百年忌藤田幽谷史館編集に復職。
寛政12（1800）	1月楓軒（37歳）南野合組一三カ村の郡奉行となる。7月南野合組を紅葉組と改称。
享和元（1801）	11月水戸領内が四郡制から一一郡制となる。楓軒（38歳）郡奉行本職となる。幕府「孝義録」を刊行する。
享和2（1802）	1月楓軒（39歳）、旧南郡内の五六カ村支配郡奉行となる。陣屋を紅葉に決する。藤田幽谷史館総裁代役となる。幽谷の「青藍舎」開塾。
享和3（1803）	1月楓軒（40歳）、桜井安亭と立原翠軒の立場を憂い、江戸へ登り冤を訴える。2／5翠軒、史館を退職し幽谷は江戸へ。師弟関係ほとんど絶える。楓軒も自然と幽谷とは絶交状態となる。この頃楓軒の創意で賭博犯ら軽犯罪者を駅場人夫に。
文化元（1804）	2／2小川稽医館創建。9／7ロシア使節レザノフ長崎へ来航し貿易を要求する。12／25楓軒（41歳）一〇〇石、足高五〇石。「絵入り寺西八ケ条」板行配布。
文化2（1805）	11／1文公治保薨去（55歳）、武公治紀（33歳）襲封。水戸藩「水府志料」の編纂命令。
文化3（1806）	1／30黒羽藩執政鈴木武助歿（75歳）。（楓軒の農民懲戒編序に武助歿は四年正月晦日とあり）。3／16藤田東湖誕生。

文化4（1807）	3／13野火により紅葉組大火。古新田・上合・紅葉・小幡・鳥羽田・城之内・海老沢・飯岡・前原の九カ村を焼く（家屋二〇〇余戸と山林焼失、死者四名）。立原翠軒・小宮山楓軒が秋葉友衛門・奥谷新五郎の蝦夷派遣を推薦。二人の「北遊記」を楓軒筆写（3冊）。玉造浜の砲術試験で「火術稽古録」著。
文化5（1808）	8月藤田幽谷、高橋坦室と共に史館総裁を命ぜられる。延方郷校聖堂建立。楓軒（45歳）、幕府より表彰され一五〇石取りとなる。12月治紀の侍読となる。10月藤田幽谷、浜田組郡奉行となる（史館総裁兼務）。「農民懲誡編」写す。
文化6（1809）	3／28治紀（武公）初の就藩（「文化南巡記」）。7／2楓軒の母さの歿（72歳）。7月間宮林蔵、間宮海峡を発見（「東韃地方紀行」）。
文化8（1811）	立原翠軒に当代の事蹟（「垂統大記」）編纂の命あり。6／19松戸川川舟事件（水戸藩舟主と井伊家舟主との争闘：楓軒、対応に奔走）。8／24楓軒の娘睦病死（3歳）薬王寺へ埋葬。
文化9（1812）	2／11楓軒（49歳）、翠軒と共に江戸へ出て塙保己一を訪問する。3／8江戸を発し紅葉陣屋へ戻る。5月「西州投化記」起草（11年6／22終業）。
文化10（1813）	楓軒、翠軒と共に「御事績編修」始まる。
文化13（1816）	1／13楓軒（53歳）、格式留守居物頭列となる。閏8／19武公治紀薨去（44歳）。
文化14（1817）	「威公年譜」編纂。
文政元（1818）	1／13楓軒（55歳）、二〇〇石取りとなる。「楓軒史料」「耆旧得聞」成る。

文政2（1819）	1／5楓軒（56歳）、岡野蓬軒・友部好介らと江戸へ登る。留村（日立市）庄屋大内正敬、紅葉郡方手代となる。
文政3（1820）	6／19楓軒（57歳）、郡奉行退任し留守居物頭。「楓軒紀談」「珠塵」等筆録へ。
文政5（1822）	楓軒、「孝子弥作碑文」撰す。
文政6（1823）	3／14立原翠軒歿（80歳）。楓軒「翠軒先生立原君墓誌」を撰す。
文政7（1824）	5／28英国捕鯨船員常陸国大津浜に上陸する（大津浜事件）。
文政8（1825）	楓軒、御用永続に付き褒賞。
文政9（1826）	12／1藤田幽谷歿（53歳）。東湖（22歳）家督相続し史館編修に任ぜられる。
文政10（1827）	2月藤田東湖、立原杏所に旧怨を越えての交誼を請う書翰を送る。5／13弟入江正身らと玉造温泉へ出発。6／8桑折の幕府代官寺西封元の墓に参る。「徳潤遺事増補」。
文政12（1829）	水戸藩主継嗣問題重大化する。「水城金鑑」「常陸三家譜」「農政座右」。10／4斉脩（哀公・33歳）薨じ敬三郎斉昭（30歳）襲封。「楓軒先生密策」。
天保元（1830）	閏3／29楓軒（67歳）、町奉行（郡奉行陣屋制度廃止に反対、改革漸進を進言）。4／29藤田東湖八田郡奉行。1／17楓軒の孫昌堅南梁誕生。「盈筐録」
天保2（1831）	2／11藤田東湖郡制変更により太田郡（北郡）奉行。6／17玉里村稗倉焼失。
天保3（1832）	8／25水戸藩士外岡龍三郎事件（草津にて幕吏山田寿之助と争論し斬殺される）。将軍へ「三器集説」献上し「天安河」（草書・花押付）の書拝領。

天保4（1833）	5／4藩主斉昭初の就藩、楓軒町奉行として迎える「天保就藩記」。多年の学問、「御事績編修」につき白銀一枚・「花生《はないけ》」拝領。
天保7（1836）	3／19楓軒の妻稲垣香歿（63歳）。10／11楓軒（73歳）、格式用人上座：側用人となり役料一〇〇石を賜う（江戸詰「江戸日記」）。大内正敬「紅葉村旧官府記」作る。
天保8（1837）	2／29老衰・歩行難などにより隠居願い出るも慰留される。2月大塩平八郎の乱。7／12楓軒、藤田北郭らと登城し斉昭と松平将監の土着について論議。斉昭「姑息なり」と楓軒を批判。7／27藤田東湖、楓軒を批難する斉昭を諌め、楓軒の登用を進言する。
天保9（1838）	足痛により磯原村潮湯治。斉昭の命により「垂統大典」を「垂統大記」に改名。12／7楓軒（75歳）致仕、永年の出精により隠居料五人扶持を賜る。「垂統大記」編纂継続昌堅家督相続。
天保10（1839）	9／24楓軒（76歳）「垂統大記」成り白銀五枚賞賜される。
天保11（1840）	2／4藩主斉昭が見舞い訪問「蓋し異数」の評。3／2楓軒歿（77歳）。7／20水戸藩の天保検地始まる（成沢村から）。
弘化2（1845）	大内正敬、楓軒の治績を略述した「精慎録」著す。
大正7（1918）	11月贈位正五位。

おわりに

小宮山楓軒が生涯の中で残した写本、編著書などの膨大な量を見て、その筆力は尋常ではないとつくづく思う。非力な自分は、その前に立ってたじろぐばかりである。楓軒の全体像を描くには、それらの史料を読み解くことでなければならない。しかし、楓軒の日記でもある「年録」を読破するだけでも容易なことではない。細やかな生涯を語るには欠かせないことではあるが、ここではその生涯の概要に留めた。

楓軒を理解する上では、民政家と学者とに大きく分けることが自然であると思える。その民政家としての業績は大内正敬の「精慎録」に要約されているので、これを以て記述した。一方の学者としての業績はどうか。資料を蒐集して編纂した「楓軒文書纂」をはじめこつこつと記録を積み重ねた。その中には「楓軒秘録」などのように実に貴重な証言となることもあるが、記録の多くが楓軒の人生を大きく左右した内容であることは少ない。いわば「史料集」を作り上げたと云ってもよい。ただし、その記録が実に重要であることも確かである。

ここに記した楓軒像は、いわば九牛の一毛に過ぎないかも知れない。しかし、水戸藩が生んだ偉大な学者であり政治家である楓軒の人物像を描けたのではないかと思う。考えてみると、楓軒の行動は自分を利することではない。「領民を生かすにはどのように対処すればよいのか」を常に問い続け、「この記録を残すことが将来の編纂、治世に益するのだ」との信念であると思える。

今、国内外が混迷の中にある。各界における品格は薄れ、規範の崩れが目に余る。政治家に国家観無く、歴史に学ぼうともしていない。それゆえに言霊《ことだま》も稀薄である。親の自覚も薄れ、子供の虐待も見られる。経済界も己の財を富ますことに奔走し、放漫経営も横行する。このような姿に接し、今日楓軒在世すれば如何なる感慨を抱くことであろうか。

しかしながら、此の度の東日本大震災における日本人の本来の姿が出現して、世界中から驚嘆・賞賛され、注目をあびたことも確かである。ここから、日本人の美風の根底は揺るいでいないと信じたい気持ちもある。

ここを基調としながら、今後も国家・国民を担う者として、いや一人の国民として「自分は何のために存在するのか」、「何を為さなければならないのか」を、それぞれがよくよく顧みながら日々邁進したいものであると覚悟を新たにしているところである。

最後に、この発刊に当たってご理解をいただいた小宮山家をはじめ酒門共有墓地管理委員会委員長栗田聰様、史料のご提供をいただいた国立国会図書館、茨城県立歴史館、茨城県立図書館、水戸市教育委員会、常磐神社義烈館、塙町、大田原市(旧黒羽町)、芭蕉の館、佐藤一郎様、鈴木博様、叶野勝一様、およびご指導いただきました宮田正彦水戸史学会長、錦正社中藤政文社長に深く感謝申し上げます。

平成二十四年六月十一日

著者　仲田昭一識

著者略歴

仲《なか》田《た》昭《しょう》一《いち》

昭和18年10月	那珂郡芳野村生まれ
昭和37年3月	茨城県立水戸第一高等学校卒業
昭和41年3月	茨城大学文理学部文学科（史学専攻）卒業
昭和41年4月	茨城県立岩瀬高等学校教諭
昭和50年4月	茨城県立佐竹高等学校教諭
昭和61年4月	茨城県立日立第一高等学校教諭
昭和62年4月	茨城県立歴史館主任研究員
平成5年4月	茨城県立歴史館学芸第二室長
平成7年4月	茨城県立太田第一高等学校教頭
平成11年4月	茨城県立水戸第一高等学校教頭
平成13年4月	茨城県立日立第二高等学校校長
平成16年3月	定年退職
平成18年4月	那珂市歴史民俗資料館館長（嘱託）
主な役職	水戸史学会理事 根本正顕彰会理事・事務局長

主な著書　正・続『海ゆかば』『烈公を支えた郡奉行　吉成又右衛門信貞』
『水戸藩と領民』（水戸史学選書・錦正社）

水戸の人物シリーズ9　慈愛《じあい》の郡奉行《こおりぶぎょう》 小《こ》宮《み》山《やま》楓《ふう》軒《けん》

平成二十四年六月二十日　印刷
平成二十四年七月　二日　発行

※定価はカバーなどに表示してあります。

著　者　仲田昭一
企　画　水戸史学会（会長 宮田正彦）
発行者　中藤政文
発行所　錦正社
〒一六二―〇〇四一
東京都新宿区早稲田鶴巻町五四四―六
電　話　〇三（五二六一）二八九一
FAX　〇三（五二六一）二八九二
URL　http://www.kinseisha.jp/

印刷所　㈱平河工業社
製本所　㈲小野寺三幸製本

ISBN978-4-7646-0293-9